立人天地

布鲁姆斯伯里图书馆之教育思想
BLOOMSBURY LIBRARY OF EDUCATIONAL THOUGHT

John Dewey

约翰·杜威

［英］理查德·普林（Richard Pring）著 吴建 张韵菲 译

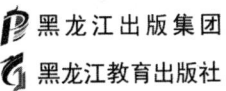

黑龙江出版集团
黑龙江教育出版社

版权登记号：08-2016-068

图书在版编目（CIP）数据

布鲁姆斯伯里图书馆之教育思想.约翰·杜威 /
（英）理查德·普林（Richard Pring）著；吴建，张韵菲译.
-- 哈尔滨：黑龙江教育出版社，2016.8
ISBN 978-7-5316-8917-1

Ⅰ.①布… Ⅱ.①理… ②吴… ③张… Ⅲ.①杜威（Dewey, John 1859—1952）—教育思想—研究 Ⅳ.①G40-091

中国版本图书馆CIP数据核字(2016)第205610号

BLOOMSBURY LIBRARY OF EDUCATIONAL THOUGHT
John Dewey by Richard Pring © 2007
This translation is published by arrangement with Bloomsbury Publishing Plc
Simplified Chinese edition copyright © 2016 by Heilongjiang Education Publishing House
Simplified Chinese rights arranged through CA-LINK International LLC
ALL RIGHTS RESERVED

布鲁姆斯伯里图书馆之教育思想
BULUMUSIBOLI TUSHUGUAN ZHI JIAOYU SIXIANG

约翰·杜威
YUEHAN·DUWEI

作　　者	［英］理查德·普林（Richard Pring）著
译　　者	吴　建 张韵菲 译
责任编辑	宋舒白 郝雅丽
装帧设计	冯军辉
责任校对	徐领弟
出版发行	黑龙江教育出版社（哈尔滨市南岗区花园街158号）
印　　刷	北京鹏润伟业印刷有限公司
新浪微博	http://weibo.com/longjiaoshe
公众微信	heilongjiangjiaoyu
天 猫 店	https://hljjycbsts.tmall.com
E-mail	heilongjiangjiaoyu@126.com
电　　话	010－64187564
开　　本	880×1230　1/32
印　　张	8
字　　数	128千
版　　次	2016年10月第1版　2016年10月第1次印刷
书　　号	ISBN 978-7-5316-8917-1
定　　价	28.00元

目录

丛书主编序言 …………………………………… 1

序 ……………………………………………… 3

前言 …………………………………………… 7

第一部分 思想传记

第一章 杜威其人及其生平、著作与遗产 …………… 3

第二部分 约翰·杜威教育思想评述

第二章 教育的目的 ………………………………… 17
第三章 经验、理解、认识与探索 ………………… 52
第四章 儿童中心教育 ……………………………… 88
第五章 课程的逻辑与心理维度 …………………… 107
第六章 社群与个人：民主与伦理 ………………… 133

第三部分　哲学基础

第七章　实用主义：意义、真理与价值 …………………… 163

第四部分　属于我们时代的教育哲学家

第八章　当下的问题与杜威的"回答" …………………… 195

参考文献 ………………………………………… 221
索引 ……………………………………………… 228

丛书主编序言

教育有时呈现为一种基本的实践活动，关乎教与学、关乎课程设置、关乎学校开展的诸项活动。教育旨在运用某些方法达到某些目标，这些目标和方法通常早已拟定好，交由教师执行，而教师的职责便是热情、忠实地贯彻这些目标和方法。既然有如此清晰的目标，那么理论的价值何在？

近年来，不同国家的政客和决策者们旗帜鲜明地否认教育理论的价值或必要性。原因何在？20世纪90年代，英国教育大臣曾说过一句惊人的言论，从中可以看出端倪："对儿童如何学习、发展或感知，具有任何意见，都是一种颠覆之举。"这句话言简意赅地点出了理论的困境：理论颠覆、挑战、破坏了教育实践赖以生存的基本观念。

于是，教育理论家成了思想王国里的惹是生非者。他们对现状构成威胁，引导我们去质疑关于教育实践的常识观念。但这恰恰是他们应当做的，因为他们关于学校和教育的论述虽然简单，却蕴含着无数可争论的概念。这些概念在不同的用法中，反映了完全不同的教育目标、价值和行为。

《布鲁姆斯伯里图书馆之教育思想》（*Bloomsbury Library of Educational Thought*）这套丛书便是在含蓄地宣告：理论和构建理论对教育而言至关重要。从古希腊到当代学者，将这些最重要、最有趣的教育思想家的思想汇集起来，为一代学生和教育从业者提供既易于获得又具有权威性的资源，是本丛书的宏伟任务。本丛书各册均由该领域学识广博的领军人物撰写，之所以选择这些学者，既是因为他们学术成就卓越，也是因为他们擅长以通俗易懂的语言阐述复杂的思想，以飨广大读者。

对于本丛书呈现的重要思想家的名单，可能始终难以令所有人满意。有些人也许会质疑某些思想家被列入名单，有些人也许会对其他思想家没有入选而心存异议。这种情况不可避免。我们也决不认为《布鲁姆斯伯里图书馆之教育思想》提出的思想家名单是不容置疑的。不可争辩的是，这些思想家对教育都阐述过令人叹服的思想，而本丛书将其集结成册。因此，对教育研究者而言，本丛书不失为信息与灵感的强大源泉。

理查德·贝利（Richard Bailey）

伦敦，罗汉普顿大学

序

约翰·杜威（John Dewey）很可能是20世纪最知名、最广为承认也最受诟病（其实有失公正）的教育哲学家了。他因"儿童中心教育"思想而备受关注。他的很多哲学和教育著作论及教育之宗旨以及他对儿童兴趣的关注、经验对教育的重要性、探索是知识和理解的主要源泉和集体对个体成长的重要性。杜威的著述确实促发了不少战前"进步主义教育运动"实践（新教育协会及其创办的《新时代》杂志便是一例，杜威是该杂志撰稿人之一）。该运动所倡导的理念于20世纪60年代被《普劳顿报告》（*Plowden Report*）奉为圭臬，该报告调查的是英国小学教育及其影响。到了1970年，英国的英语教师和校长们被请到美国，为美国教师传授教学经验，有趣的是，这些经验却源自于美国哲学家的教育著作。

当然，正如理查德·普林（Richard Pring）在这部清晰而有趣的研究中指出，不少人自称热爱杜威的思想，但却少有人真正读过这位哲学家精心写就、言辞谨慎、时而生涩的哲学著作。杜威的"门徒"们不久便矫枉过正，而杜威本人也不得不对其加以纠正，甚至要与其撇清关系。英、美两国的右翼政治家后来开始妖魔化杜威〔杜威的《民主与教育》（*Democracy and Education*）被列为20世纪最危险的著作之一，仅次于希特勒的《我的奋斗》（*Mein Kampf*）和马克思的《资本论》（*Das Kapital*）〕。这实际上源自两重无知：一重是对杜威真正言论的无知，一重则是对英、美两国学校情况变迁，或者是并未真正发生变化的无知。本书对杜威哲学和教育哲学观点做了深刻的解读，读者因而更能明白追随者们为何如此敬仰杜威的著述以及对于我们教育体系的败笔，杜威是否担有责任，或担有多大责任。

但吊诡的是，在20世纪后二三十年代，杜威的学说虽被驱逐出狭义的教育圈子，却以其他形式抛头露面。"儿童中心学习说"或许遭到了学校体系的摒弃，但"学生中心学习"以及"学习者中心学习"等观点在成人和继续教育中得以保留，沿用至今。"项目学习法"或许在小学教育中失去了地位，但"基于项目或问题的学习"，一般围绕真实生活中的问题，却成为职业教育的准则。杜威的实用主义哲学或许已经过时，但科尔布（Kolb）的经验学习周期理论几乎在每个"培训人员"的培训手册中都要提及。科尔布的理论说到底就是简化和系统化了的实用主义。行动研究在全世界广受教育工作者们热情拥护，很多教育主管部门也乐于支持，其实是建立在知识及其发展的实用观之上的。在学习理论、课程话语以及正在快速发展的定性研究领域，杜威的实用主义以及他共事多年的同事乔治·赫伯特·米德（George Herbert Mead）的社会心理学理论，联袂奉上的概念框架最受推崇。时至今日，在美、英两国，政府资助机构对于教育研究的态度也是实用主义的。即研究应该告诉他们"什么管用"。不过，杜威若仍在世，很可能会愤怒地指责这是对他实用主义认识论的滥用。

如今《民主与教育》已出版近一个世纪，杜威学说仍然具有广泛的指导意义，这一点，我想是毋庸置疑的。但杜威哲学和教育论著所受到的待遇，无论公正与否，都表明，如果我们想真正从杜威的真知灼见中获益，那么必须要努力去理解其理念的哲学根基。理查德·普林是一位卓越的哲学家和教育家，长期研究杜威著述，有足够的资质引领我们阅读杜威的哲学和教育思想。此书是一本优秀的介绍之作,清晰地展示了约翰·杜威确实是"属于我们这个时代的哲学家"。

大卫·布里奇斯(David Bridges)

剑桥大学圣埃德蒙学院冯·许格尔研究所

和东英吉利大学教授

前 言

当年在伦敦大学学院哲学系当本科生时,我常在图书馆里与约翰·杜威的一排著作相对而坐。我对这个人物有些好奇。一个人怎么写了这么多书,世人却读之甚少?我学了三年哲学,却从未在课堂里听人提起他的名字,也从未听说有人借阅或读过这些数量众多却布满灰尘的文献。他唯一出名的地方似乎只是因为他的著作被归为一个诡异的类别(当然有失公允)。

这在某种程度上有些吊诡。伯特兰·罗素(Bertrand Russell)在1946年初版的《西方哲学史》(*History of Western Philosophy*)中称杜威"被公认为美国当代哲学界在世的代表人物。"罗伯特·威斯布鲁克(Robert Westbrook)在《约翰·杜威与美国民主》(*John Dewey and American Democracy*)中称杜威"会成为美国现代史上最重要的哲学家,无论全世界的人如何褒贬他(p.ix)。"杜威——尤其是(在罗素看来)他对"真理"概念的论述——虽然遭到了误解，但仍有着巨大的影响力，在美国也不例外。

"美国当代哲学界在世的代表人物"这一殊荣，部分归功于他的"实用主义意义理论"，解决了很多使人困惑的哲学命题。杜威的"实用主义"对乔治·赫伯特·米德的社会心理学产生了重要影响。米德与杜威先在密歇根大学共事，后又是芝加哥大学同事。米德的理论阐明了个人身份是如何通过社会互动（符号互动）形成的，该理论迄今还在影响人种学范式下的教育研究。杜威影响了米德，也受到了米德的影响。尽管实用主义哲学影响深远，罗素给予"实用主义之父"，C. S. 皮尔斯（C. S. Peirce）的待遇更是奇怪，书中提到他时只有寥寥两行（在讲杜威的那一章），在同一章中还简短提及了威廉·詹姆斯（William James）。

或许正因为此，杜威在英国才未获得他在美国受到的重视。我读过皮尔斯的著作，因为他被列入了课程大纲。但实用主义却从未进入哲学中心传统。据罗素（1946b，p. 774）①看来，这或是因为，人们无法接受"基本的逻辑概念和知识理论乃'探索'，而非'真理'"这一说法。

再往后来，由于阿兰·瑞安（Alan Ryan）《约翰·杜

---

① 此文中注表示参见书后"参考文献"，下同，不再标注。

威和美国自由主义高潮》(*John Dewey and the High Tide of American Liberalism*, 1995)一书的出版,英国学界对杜威产生了一些兴趣。这本书将杜威的哲学、政治学和教育学理念置于其生平及美国的政治社会生活中来理解。这确实是合理的,正如瑞安所言,杜威的论述是对这一社会语境的体现、阐释和互动,目标瞄向"智慧行动"。

杜威的哲学论述虽未受重视,他的教育论述却极具影响,尤其在美国"进步主义行动"中影响巨大。杜威哥伦比亚大学的同事W.H.基尔帕特里克(W.H. Kilpatrick)于1918年出版《项目教学法》(*The Project Method*)一书,此书将杜威的教育理念具体化为课程大纲,用实用、跨学科的项目来激励学习者,让其接触完成项目所需的不同门类的知识。

但是具有讽刺意味的是,衡量理念到底好不好的一个标准,是看其会带来什么样的结果。美国于20世纪70年代日益面临日本及其他国家的经济挑战,陷入了经济困境,这是美国教育系统,尤其是"进步主义教育家"们不得不面临的问题,其中领军人物便是杜威(据批评者们而言)。正如奈尔·诺丁斯(Nell Noddings)在《教育哲学》(*Philosophy of Education*)中所说:

那些希望学生更多参与计划和活动的人赞誉他为美国教育的拯救者,但也有人说他"比希特勒还恶劣",谴责他用认识论和道德相对主义影响了学校教育,还企图用社会化代替真正的教育。(Noddings, 2005)

拉里·库班(Larry Cuban, 2004)在《黑板与底线:为什么学校不能办成企业》(*The Blackboard and the Bottom Line: Why Schools Can't Be Businesses*)中,提及教育正在倒退回一种运用高风险评价机制的商业模式,这正是杜威倡导教育理念的对立面。

但把"进步主义教育"的所谓恶劣后果归咎于杜威是不妥的。杜威本人对"进步主义教育"的很多做法也持彻头彻尾的批判态度。但给杜威头上安上这桩罪名也反映了教育思想很容易变成口号。正如薛夫勒(Israel Scheffler)在《教育的语言》(*The Language of Education*)中所说:

> 约翰·杜威对教育所产生的影响是一则富有教益案例。他的论述系统,谨慎而得当,很快便被转化成美国教育中新进步主义倾向的响亮口号。杜威自己也批判对他理念的诸种不当运用。(1960, p. 37)

前言

战后英国教育发展的批评者们，也把"以儿童为中心"这一奇谈怪论归咎于杜威的影响。所谓进步主义学说的论述常常提及杜威。布莱恩·西蒙（Brian Simon）称杜威学说是"1930年'小学'革命"的影响之一，也成为1967年普劳顿报告书背后的"正统意识形态"（Simon, 1991, p. 362）。1989年我到牛津大学，晚餐时坐在基思·约瑟夫爵士（Lord Keith Joseph）身边，他曾在玛格丽特·撒切尔首相内阁任教育大臣。他责备我应该为我国学校的诸多问题负责，因为是我把约翰·杜威学说介绍给了教师们。之后，即便是哲学家、记者和政客们都开始系统地攻击作为教育家的杜威。比如，奥黑尔（O'Hear）教授就说"我们教育质量的下滑，大抵要怪罪约翰·杜威学说倡导的平等主义（1991, p. 28）。"

第一，至少在英国，很少有人仔细研读杜威的教育学说，正如很少有人仔细研读他的哲学著作。英、美两国的教育哲学家们虽然常常提及杜威（皮特斯在他1981年写的《教育家论集》(*Essays on Educators*)中做了评述，笔锋虽有同情，但批判得也算彻底。1970年，伦敦教育学院教育研究所一个研究小组花了数周时间研读了杜威的《民主与教育》。美国教育研究协会也有一个活跃的教育研究小组，专门致力于杜威批判研究。但这些学术研究凤毛麟角,很难把教师群体变得激进起来。所以,很难看出杜威学说如何改变了人心,或影响了实际的教育发展,除非是因为他的哲学在培训教师的教育学院广为传播。

第二,达林(Darling, 1994)在《儿童中心教育观及其批判者》(*Child-Centred Education and Its Critics*)一书中,详细描述了学界对杜威观念的批判,批判有两点:其一,"哲学革命"[吉尔伯特·赖尔(Gilbert Ryle)于1956年出版著作的标题]开始主导教育哲学,而此时在英国教育研究正欲成为显学。其二,以色列·薛夫勒等哲学家正在革新北美的教育观念,薛夫勒的著作《教育的语言》(*The Language of Education*)影响广泛。哲学家们不再认为哲学的目标是回答诸如教育目标是什么、教师该如何教学等实质性问题,而是就教育到底指什么(及其目标)、教学是何概念等,提供一些二阶逻辑分析。因此,"新哲学"激烈地批判以哲学之名开出的教育药方。R. D.阿香博(R. D. Archambault)(教育哲学革新的北美倡导者之一)说"需要清理马厩","教育哲学家们没有认识到或利用好近些年的哲学研究成果"(1965, p. 8)。

哲学阐释问题,但并不提供解决方案。伦敦教育学院的"革新者们",在理查德·皮特斯的带领下,尤其关注儿童中心观的说法。其中自然包括杜威以及各种儿童中心教育论中所谓教育目标乃"成长"和"自我实现"之类的说法。正是这一说法,引得迪尔登(Dearden)(《小学教育的哲学》原文,1968, pp.37ff.)和皮特斯(见《教育与对教师的教育》原文,1977)等分析哲学家们大举批判。杜威作为哲学家想要改变实践。但在革新后的教育哲学思潮来看,这是不可接受的。当然,除非实践的改变源自清晰的理论思考。这一新正统思潮与杜威以及他所倡导教育理念格格不入。我们会在第三章再来谈杜威的教育理念。

第三,巧合的是,在哲学家们一边批判杜威的同时,英国保守派政府及美国联邦政府对学校的标准与效用也日趋失望。而当时儿童中心教育观正在遭受批判,自然便被视为祸根。因此,北美和英国都在批判所谓的进步主义教育,呼吁更加正式的教学方法,并对知识学习进行更加系统的评价。而杜威则常被视为罪魁祸首。

不过,那些认真研读杜威众多著作的人,会发现其观点不易理解,而考虑到如今的教育体系对于那些学习意愿差的学生无能为力,我们又会发现杜威的观点很有道理。另外,他的哲学观点渗透了他的教育理念,如果不能理解他的实用主义哲学，便很难接受他的教育理念。比如，不少人可能会同意罗素的评判，认为杜威用"探索"替换"真理"，作为知识理论体系中的基本概念。杜威的哲学观念和教育思想彼此交错，如果不能接受杜威的哲学立场，则很难接受他的教育观念，不管其看起来多么有道理。

本书共分四个部分。第一部分介绍杜威的生平与著述，第二部分分析塑造杜威教育思想与实践的关键理念。本书难免会触及哲学，但我会在第三部分才对实用主义哲学（杜威称之为"经验主义"或"工具主义"）做系统的阐释。最后，在第四部分，我会将两者合一，看看是否能起到什么挽救之用。

杜威哲学观点的性质让人有信心对其加以评论阐释。作为解释，我先来预告下，我随后会如何评述实用主义哲学。实用主义哲学是关于意义的哲学。单词、句子或文本的意义在于其所起到的实际效果。当然，这样的实际效果一定受文本所塑造，必受该文本中的语言词汇所约束。再者，杜威笔下的文字对于我的意义则在于，其改造了我看待、思考杜威的视角，尽管这在某种程度上取决于我研读杜威文本的语境和兴趣。常常很难区分，什么是杜威文本本身的意义，什么是对于我而言的意义。因此，我在讲述杜威时，其实是在（我也有权这么做）讲述杜威对于我的意义（效果）。我的讲述进而会"重构"他人的"重构"，因此变成了杜威言论意义的一部分。

想要理解杜威的教育思想，必须先理解其教育思想所基于的关键概念。我挑选了七个概念。通过这些概念，或许能理解他丰富的论述。不过，可能会有不少人并不认同我所列的关键概念，也因此不认同我对杜威的解读。

- 教育目标（儿童的兴趣、约束和成长）；
- 经验（对经验进行反思）；
- 探索（以及理解和真理指什么）；
- 儿童中心论；
- 课程的知识和题材；
- 社群（以及个人在其中的位置）；
- 学校教育（及其与社会的关系）。

我在1987年写过一篇文章。文中，我说杜威很可能是"技术与职业教育计划（TVEI）的守护神"（Pring, 1989）。英国就业部人力服务委员会于1983年发起该计划，强调实践和经验的学习，质疑学术与职业学习的分野，质疑"虚假的"二元主义，并坚持学习内容要和社会更紧密联系。该计划在全国范围内受到欢迎，即便如此，1988年英国实施全国统一课程时，该计划也夭折了。但计划作者和创造者从未读过杜威的作品，我想杜威也会在这项计划的实践行动中看到自己理念的影子。而那些在实施全国统一课程时拒绝该计划的人，也会拒绝他的理念。

因此，本书真正的主题关乎教育实践所基于的理念——即教育目的意识形态之争，因为教育目的嵌在教育实践之中。为了说清道明这些理念，我写作此书时会围绕杜威，但无疑也会时常游离于他的文本之外。但我对此并不担心，杜威如果在世，也不会介意。因为杜威说，言说或文本的意义在于其所产生的效果。杜威的论著帮我"重构"了我对教育实践的理解。我也希望我的阐释也会改造他的文本，因为理解永远处于动态之中。杜威说，理解永远没有终点。

第一部分 思想传记

约翰·杜威认为理论如果与实践脱节,则理论便会扭曲,实践亦会贫乏。

第一部分
思想传记

第一章　杜威其人及其生平、著作与遗产

芝加哥大学与纽约哥伦比亚大学

在纽约曼哈顿122号街矗立着闻名遐迩的哥伦比亚大学。约翰·杜威在这所高等学府任哲学教授长达26个年头。但对他而言,思考哲学和思考教育之间是一脉相通的。他对"经验"的哲学分析构成了他教育理念的核心要素,他认为教育的宗旨乃"成长",这也可追溯到他关于意义和价值的实用主义理论。因此,在他授课的大厅里,不光有教育专业学生,也挤满了未来的哲学家。他退休后,影响也毫未衰减。他仍笔耕不辍,四处奔走讲学,直到1952年去世。在哥大期间,他写了《哲学与教育》(*Democracy and Education*, 1916),书中系统地讲述了其教育哲学观。

来哥大任教之前,杜威在芝加哥大学任哲学系、心理学系与教育系主任。杜威是在1894年,即他35岁时上任的。杜

威的哲学思想影响十分深远,哲学家威廉·詹姆斯说:

> 芝加哥有一个思想流派!未来25年,该派思想会被记载为芝加哥流派。
>
> 一些大学有很多思想,但没有形成流派,还有一些大学有很多流派,但没有思想。芝加哥大学凭借其鸿篇巨制《十年出版物》(Decennial Publications),展示了真正的思想和真正的流派。约翰·杜威教授以及至少10个他的门徒,集体向世界宣布了一个世界观。他们虽然人数不少,却众口一谈——理论联系实践,简洁明了、叙事宏大、主旨明确;尽管还有很多地方需要细致完善,但足以获得新哲学体系的殊号了。(James, 1904, p. 172)

上文提到的出版物,包括杜威的关于逻辑理论的一篇文章以及乔治·赫伯特·米德的一篇关于"心灵的定义"(the definition of the psychical)的文章。

但在1904年到哥大前这10年,杜威的哲学思想和教育思想是并驾齐驱、共同演变的。如我之前所说,这两者之间是密不可分的。他在芝加哥大学期间写成的教育思想著作《学校与社会》(*School and Society*)与《儿童与课程》(*Child and Curriculum*),体现了《我们是如何思考的》(1910年出版于他离开芝加哥大学后,但主要是在芝大时写的)中明示的一些原则。这是一本教师的哲学指导书。某种意义上而言,哲学和教育似乎互不相关。当我们思考我们从事教育活动时到底在做什么时,我们其实是在思考教育的目的,思考指导实践的价值观,思考所传播的知识和经验的本质,这些其实都是哲学思考。再者,此种思考并不能脱离实践,而是在理解实践,旨在改善实践。因此,思考必须要基于教育实践。在芝加哥大学,杜威和妻子一起创办了一所大学初等学校,亲任校长。这所学校属于大学一部分,与大学的教师培养活动相结合。

学术影响

我们研读影响杜威在芝加哥期间及其余生教育思考的信念之前,首先应说说他在芝加哥大学任职前的生平以及影响他本人成长的重要哲学思潮。

杜威1859年出生于佛蒙特州伯灵顿。16岁上佛蒙特大学,在那里他读到了达尔文的《物种的起源》(1859年出版），参与了由该书引起的辩论。进化论对杜威哲学以及教育学思想产生了持久的影响。在哲学意义上，其解答了心身二元论，杜威认为从若干方面来看，心身二元是理性主义和经验主义传统的错误源头。人类只是更高级的生物有机体，有内在的目标，因此会有目的性地适应环境，而环境也包括人际交往和文化的社会环境。

1879年杜威从佛蒙特大学毕业，头3年先是在几所学校任教，但并不成功，随后便进入约翰·霍普金斯大学读哲学研究生。他的一位同学便是查尔斯·桑德斯·皮尔斯（Charles Sanders Peirce），皮尔斯被公认为"实用主义"（pragmatism）之"父"。不过，皮尔斯后来将其更名为"实效主义"（pragmaticism）。这个名字太难听了，杜威和威廉·詹姆斯等人不屑窃用。在约翰·霍普金斯大学，杜威还受到了黑格尔唯心论的影响，部分通过其学长乔治·莫里斯（George Morris），部分通过他后来认识的牛津大学唯心论者F.H.布拉德利（F.H.Bradley）和T.H.格林（T.H.Green）。黑格尔的哲学"要求融合统一，这无疑是一种强烈的渴望，也只有知识化的题材内容才能满足这种渴望。"（Westbrook, 1991, p. 14）。

如果要简短草率地总结下这对杜威成长的影响，我们可以说杜威"对统一的需求"使得他有了以下信念：第一，所有经验都有内在的联系；第二，心灵能发现这些内在联系；第三，"观察的心灵"和"被观察的世界"之间的二元对立会消解。生命应被视为一种"有机体"，但人类并非纯生物意义上存在；人类有机体中固有的思想和使命感通过经验得以实现。

1884年，杜威跟随莫里斯来到密歇根大学，最终成为这所大学的哲学系主任。在这里，杜威阅读了T.H.格林的著作，他的唯心主义倾向演化为社会思考［1889年发表于《安多弗评论》(*Andover Review*)的《托马斯·希尔·格林的哲学》(*The philosophy of Thomas Hill Green*)一文等］。他的社会思考有两个与后来形成的教育理念密切相关。一、哲学在理解与解决公共与社会生活中扮演核心作用；二、自由对于人最大程度自我实现具有伦理价值。这里说的"最大程度自我实现"是发生在社会语境中的一个个人最大利益即等于大家最大利益的集体。

在他于芝加哥大学任职前，我们已经可以看到一些让威廉·詹姆斯宣称"芝加哥有思想流派"的要素了：每个"人类有机体"通过适应社会环境成长；该适应是有目的性的，每个个体的人都在其经验中寻找意义；该适应通过与其他人互动产生，而其他人也在寻找其经验的意义；互动的语境即个体构成的集体，集体因个体之间的互动而生，也进而影响个体之间的互动；这种有目的性的适应的最终目的（伦理意义上的终点）即能够适应这些互动经验，并从中获益；最后，其中的社会议程便是去解决集体生活的问题。那么，教育便可被用以促成这种成长和适应。

五个核心信念

杜威创建大学初等学校背后有一套教育哲学，其根基为5个信条。这些信念影响了杜威的思想50多个年头，自始至终变化甚少。杜威在1897年任职芝加哥大学后不久写了《我的教育信条》(*My Pedagogic Creed*)，其中陈述了这些信条。这是杜威对传统教育方式的回应。他认为传统的教育方式：

- 脱离了学生在家庭与社区习得的经验；
- 脱离了学生获取经验的实践与手工活动；
- 忽视了激励年轻人学习的兴趣；
- 把知识看作纯粹的象征和形式：以课本形式组织，粘贴在一起，与经验或者现有的理解方式毫无联系；
- 通过外在权威维护纪律，而非通过年轻人的积极参与。

杜威在实验学校（见下文）中提供的解决方案即是对这种传统教育理念的回应。

第一，学校应是家庭和社区的延伸，将对日常生活至关重要或至少十分有用的理解的获取置于更加宏大的体系。很多实际知识其实是在家庭或社区习得的，而学校的目的应是深化这一理解，促使年轻人去反思这一理解，提升其价值，给他们一些能够回馈家庭和社区的东西，并加深他们对二者的理解。

第二，作为家庭和社区经验的延伸，学校应该重视手工与实践活动，因为手工与实践活动是家庭与集体生活不可或缺、有意义的部分。正是通过手工与实践活动，如木工与纺织，人们才能理解日常生存与生活的基础。而这是那些擅长就人类处境发表宏论的人所常常忽视的。

第三，年轻人的兴趣应该受到足够重视，而不是要去管束，使其符合教师的目标，让他们做他们实际上不感兴趣的事情。而兴趣本身是需要教育培养的，因为兴趣是学习的动力。

第四，学校课程至多只能代表我们所继承的知识体系，但也只是有用的知识体系，其目的是帮助我们在世界上更智慧地行事。其价值在于其有用性，是人们解决问题所需的资源，但很少有问题会恰好落入各个科目的逻辑范畴。

第五，如果年轻人的兴趣得到重视，教师主动帮助其发展兴趣（即给年轻人更多机会与自己更智慧、更成熟地交流），那么年轻人将愿意追随兴趣，根本无需外部约束。

因此，学校不应仅仅被视为社会的延伸，其本身就应被当作一个社群，学生应是该社群的积极成员。行为的约束不应源自外部强加的制裁，而是内化的社群生活规范。

所以，杜威兴办实验学校面向的是普通青年学生，他们好奇、有兴趣，但其好奇心和兴趣却被各种根本不顾及其学习兴趣的学习模式所削弱。而学校应该充分考虑探索的过程，鼓励学生去追逐兴趣，确保其获得教师的专业知识以及通过教师这个渠道传授的文化资源。而在良好的学校集体中，个体在追逐自身兴趣的同时也会考虑集体的需求。

杜威的教育方法本质上是实验性的。这一点不难想到，因为杜威自己的哲学立场后来即被冠名"实验主义"。理念必须要通过实践加以检验。因此，创建学校——后来被称为"实验学校"，来检验教育理念就至关重要了。1901年，杜威调至芝大教育研究所，开始开展教师培训项目。而当时研究所已有一所"培训学校"。同一家机构有两所学校，难免会有混乱。杜威1904年前往哥伦比亚大学后，实验学校便无以为继，但其理念却得以长存。

本书随后章节中会介绍这些理念。这些理念与当时的教育实践格格不入，当时的基础教育基本上只起着信息传递的作用。杜威视之为契机，积极研究问题、寻找出路、尝试"假说"、将社群当作资源、思考问题的解决方案。这些问题部分是社会性的，即如何与追求不同兴趣的人和谐相处，虽然这些兴趣常常是交相作用的。某种程度上，受教育便意味着与学校集体的其他个体和谐共处，从他人身上学习观念和经验。学校就是个小社会。

杜威于1904年离开芝加哥大学转任哥伦比亚大学。但毫无疑问，杜威在校那10年在芝加哥大学留下了深深的烙印。芝加哥大学也成了世界主要教育研究机构之一，与教育实践紧密结合。菲利普·杰克逊（Philip Jackson）便是一例，他的《课堂中的生活》（*Life in Classrooms*, 1968）影响了一代又一代的教师。但曾经的教育学流派不复存在了。为了证明自己学术正确，该流派学者不再与课堂保持亲密的日常接触，开始写作发表研究成果。虽附属于社会学流派，但其发表的研究成果似乎并不符合社会学流派的标准。在各学术流派的眼中，该流派变得无足轻重，在各大高校眼中，又没有学术价值，举目无亲，最终消亡。如果这个流派当初听从了"老伙计"约翰·杜威就好了。杜威认为理论如果与实践脱节，则理论便会扭曲，实践亦会贫乏。（英国如今的大学科研评估机构是否应该把此话记在心上？）

杜威在哥伦比亚大学师范学院度过了他漫长学术生涯的剩余时间。他最重要的教育学著作《民主与教育》发表于1916年，即他在哥大任教期间。这本书很长，文风较为生涩，但每章最后皆有小结解惑。和其他既冗长又难懂的书一样，这本书也招来了误读。20多年后的1938年，杜威写了一本简短的著作《经验与教育》（*Experence and Education*），解释了他的作品不应简单冠之以什么"主义"，尤其是"进步主义"。事实上，教育哲学家不应站在任何一方（"传统主义者"或是"进步主义者"）的立场上，也不应该在二者中间寻求什么中间路线，而是应该引入"一套新的概念，引入新的实践模式(p.5)。"

正是这个理念与做法让杜威时至今日仍不过时。教育话语中所反映出来的种种教育实践冲突都可归咎于杜威激烈反对的二元论：学术与职业、理论与实践、学习与休闲、学校与社会，还有基于传统科目的学习与探索式学习或基于兴趣的学习。或许正如杜威所说，我们需要找到"一套新的概念，引入新的实践模式。"

上面说的"一套新的概念"便包含在杜威于芝加哥大学和哥伦比亚大学从教30年间出版的一系列哲学论著中，主要关乎教育话题。为了写作本书，我尤其参照了下列最直接反映其教育思想的文章与书籍：

《我的教育信条》(*My pedagogic creed*)，1897)，《学校杂志》[*The School Journal*, 14（3）]

《学校与社会》，1899年举行的三场讲座，于1900年发表，1915年修订，分别为《学校与社会进步》(*School and social progress*)、《学校与儿童生活》(*The school and the life of the child*)以及《教育中的浪费》(*Waste in education*)

《儿童与课程设置》(*The Child and the Curriculum*, 1902)

《我们如何思考》(*How We Think*, 1910)

《民主与教育》(*Democracy and Education*, 1916)

《经验与教育》(*Experience and Education*, 1983)

至于更加具体的哲学思考，我参考了下列著作，因为这三本著作为杜威的教育思考提供了哲学基础：

《哲学的重建》(Reconstruction in Philosophy, 1920)

《经验与自然》(Experience and Nature, 1925)

《逻辑：探索的理论》(Logic: the Theory of Inquiry, 1938)

本书并未详述约翰·杜威对其他主要思想家（哲学家、社会学家和教育家）的广泛影响，不过，如果有人去挖掘这个话题，肯定既有趣又有价值。不过我想，杜威对乔治·赫伯特·米德的影响十分重大，而米德对后来的教育社会家也影响深远。米德是杜威的同事，米德分析社会关系的主要方法——符号互动论（symbolic interactionism），便源自皮尔斯和杜威的实用主义传统。这又进而影响了北美和英国几代社会学家和教育研究者。杜威的间接影响少有人提及，即便是"行动研究"支持者也闭口不谈。行动研究广受欢迎，似乎成了"学校改良"的解决方案。但大卫·布里奇斯在他近作中指出，勒温（Lewin）及其门徒的行动研究其实源自杜威的实用主义的意义理论。因此，从事行动研究的人应对实用主义意义理论加以承认，尽管该理论有这样那样的问题。

第二部分 约翰·杜威教育思想评述

只有综合地理解目标与手段,才能理解约翰·杜威对教育概念的界定,明白教育乃更深层哲学意义上的"实践"。

第二章　教育的目的

定义之问题

在《民主与教育》一书中，杜威"给教育作了技术上的定义"，即"重建或重组经验，充实经验的意义，并提高人们指导未来经验的能力。"（p. 76）。书中对教育是什么，给了诸多其他说法，但皆是这个核心定义的延伸或阐释。不过，在我们解释这个定义之前，或许应该说说到底什么是定义。杜威到底在做什么？定义一个单词即阐明其意义和在语言中的使用。

因此给单词下定义并不是给出其他可选项，而是展示该单词是如何使用的，使用的规则为何以及在某特定话语形式中的位置。因此，有些单词有多重意义，因为在不同语境中有不同的使用方式。我所说的不同，并非指单词意义的模棱两可（如'plane'这个词既可以指飞机，也可以指刨子），而是不同用法之间有重合。一个单词可能会有很多不同的用法,便有了不同的定义,虽然同属于一个广泛的"相似家族"。

"教育"便是这么一个词语。不同的人对其有不同的用法(对于什么样的人算是受过教育的人这一概念,不同的人也会有不同的看法),但不同的应用会有一些共同特征。其中一个共同特征便是以某种方式提升知识,而且只指人,不指狗或马。为什么呢?因为只有人,而非动物才有能力对各种情形获得概念性掌握,以便合理应对,而不仅是作行为性反应。这种学习会导向进一步学习,通过获取新知识、理解力与技能以增强能力。当然,有人会不加区分,讨论动物的教育,而非仅仅动物的训练。这种观点是缩小动物和人的区别,把通常赋予人的品质赋予动物。教育意味着学识的增长,而非行为的改变。

再者,我们口中所说的"教育"常常也包含着评价的意义。人们受到教育便会进步,更有能力做应当做的事情。人们会变得丰富。因此,当我们说某人是"受过教育的人",实际是一种褒扬。因为获得了某些能力,丰富、提升了素养。

因此,人们还可以说,教育这个词既有描述性意义,也有评价性意义。就描述性意义而言,教育指的是实际发生的学习，就评价性意义而言，教育指这种好的、可以提升素养的学习。即便就描述性意义而言，也很难完全抹去教育这个词的评价性内涵。

学校被视为教育机构，并非仅仅因为学校是帮助年轻人学习的正式场所，也因为人们认为学校学习本身具有价值，可增益思考，是值得追求的目标。如果人们认为学校在灌输某种信条，遏制思考，那么人们就会说，尽管可以学习到一些东西，但年轻人在这里并非在受教育。

因此，一些组织式学习从描述意义上或可称之为教育，但从评价意义上讲，或许不应被视为教育。

教育概念比较

我在上文对教育这个字眼做了基本的分析，即这个词在描述意义上和评价意义上是如何使用的。我没有做更细节的分析。当本书介绍部分提及的"哲学革命"开始禁锢教育领域的思考时，教育哲学家们便对该词做了详细的剖析。皮特斯（Peters, 1966）依据用法设定了标准，并依此认为，若一个活动导向知识与理解力的拓展，且该知识并非狭隘知识，而是提供了更广的"认知视角"，且该知识被认为是有价值的，那么该活动则可被称为"教育"。分析哲学家们虽设置了这些标准,但声称他们只不过分析了这个概念在我们日常语言中的使用——世界在日常语言中的"映射"。哲学是二阶行为。这种分析并非告诉我们什么值得教、如何教。

这一哲学阵营对杜威的批评有两重。第一、就什么值得教、什么值得学,杜威却言语明确。他僭越了哲学家的职责。第二、杜威认为有价值的——即对经验的改观或重建、自我实现、成长,都逃脱不了哲学分析的手术刀。"成长"本身不能成为终极目的,其价值存在于"成长"引向的最终产品。

杜威若在世,他会指出,他的批评者是在打着"二阶行为"的幌子,实则有他们自己的教育理念——即什么是受过教育的人,而这其实也无法从该词汇本身的用法中得出。所谓受过教育的人,指某人获取了思考、探索和推理的特定知识。在英国,R.S. 皮特斯的同事保罗·赫斯特(Paul Hirst)对此做了十分有效的阐释。他于1965年发表了《自由教育与知识的本质》(*Liberal education and the nature of knowledge*)一文,此文乃女王督察局制定学校课程时所涵盖的八大经验领域的哲学基础。女王督察局的这一举措影响深远。在美国薛夫勒和施瓦布(Schwab, 1964)也有类似的重要著作。这些知识形式可以按照核心概念、检验模式与探索方法加以分析。因此,有人从所谓的概念分析角度,提出了实质性课程建议,和杜威的观点截然不同。

杜威重点关注的不是学习的具体成果,即不同的知识与逻辑结构。这些区分由哲学家界定,是教学的主要内容。杜威关注的是生命有机体的"成长过程"。该成长来自于环境的互动。这个环境既是物质的,也是社会的,所以并非纯粹生物概念上的成长。正如杜威在《儿童与课程》(CC;见本书结尾处杜威作品目录缩写)中说:

> 教育过程中的根本要素是一个未成熟的、欠发展的人;而一些社会目的、意义和价值观已然具化在成人成熟了的经验中。教育过程便是这些因素的相互作用。教育理论的本质便是探索如何使这些因素彻底、自由地互动。(CC, p. 123)

这种成长或"教育过程",即"未成熟的、欠发展的人"与环境之间的互动,这里的环境包括成人的社会环境。成长并非简单的增长(如河流变大变宽),而是对旧我的改变。受教育者对世界的理解被重新概念化了,并非增加了新的想法。习惯得以改变,技能得以提升,对世界有了新的理解,能够更有效地适应这个世界,个人经验得以进一步改变。如果要论及教育过程的最终目标,则应该是更好的成长和更佳的适应能力,而非某特定、界定明确的(由大学、考试委员会或政府界定)知识的获取。但事实上,这种转型变化是持续不断的,没有终点。教育"在每个阶段都有成长的目标"(DE, p.54)。成长没有终点,一直到死。

对杜威而言,一些经验是非教育性质的,甚至是错误的教育,因为其阻碍了通向进一步经验的途径或抑制了思维,即使属于教育体系的一部分,即使在内容和意图上均在向年轻人传授不同形式的知识。这就是为什么杜威自始至终都在批判他所谓的"传统教育"。虽是系统地传授知识,但却未能改造年轻人思考、感知、体验和信仰的方式(这是评价意义上的教育)。比如,学数学时死记硬背乘法表在描述意义上可谓教育(这算作学校学习内容的一部分),但从评价意义上来说却是错误的教育方式,因为(肯定会有人对此持有异议)死记硬背阻碍了理解。

那对杜威而言,什么经验才能算教育,什么算不得教育呢?

首先,正如上文所言,如果不能带来更丰富的经验,甚至起到阻碍作用,过于死板,令人恐惧,或一味教化,令思维固化,那就算不得真正的教育。如果学生为了文学课考试要死记硬背,可能因此生厌,再不想读文学了。就算考试得了高分,其中的经验却是错误的教育。

第二,经验的教育内涵或价值在于独特人性的发展,即其经验世界的能力(人乃世界的一部分,但却在某种程度上独立于世界)。经验会改变这一能力,使其更好地面对新经验——预期、计划。创造经验,以生成更多经验和能力来与更广阔的世界打交道。因此,经验便是对世界的概念化、内在化,这反而又影响新的经验以及处理新经验的能力。新经验既改变已有经验,又受之影响,因此改变一个人预期及处理未来经验的能力。

举个简单的例子,这就如同一个小孩被狗咬过,这会改变这个孩子以前对狗的经验。"狗"的意义变得复杂了,不再是友好的、可以搂搂抱抱的动物了,而变成一种很凶、很危险的形象。这一经验的改造改变了这个孩子未来的行为,使其能更好地面对未来的经验,更好地预判危险、应对新的经验。过于幼小的孩子因经验过于狭隘而无法生存下去。早期教育便是获得、改造经验,使幼孩得以存活,对环境拥有一定的掌握。童年如果缺乏经验,那么孩子便不能很好地预期和处理未来经验,这或许会危及生存。

对经验的内化——即对现有经验能力的改造,或许不是一个有意识的行为。经验的内化或会改造一个人的习惯与技能——即人与世界本能的互动方式,也或许会改造人应对外界事物的熟练程度。有意识地经验世界或许需要专门知识,这种实际能力具体体现在习惯与技能中。会骑车的人便是掌握了这一专门知识。他们通过前期经验,已经将如何应对新经验作了内化——平衡、刹车、转弯、适当提速等。这一能力将通过进一步经验(如滑冰等)得以演化,而这一演化常常是无意识的。不过,亦可是有意识的(可以加以理论化),因而会以不同的方式影响能力。

以上分析以及定义,体现了何为"意义"。杜威所说所指到底为何?要回答这个问题,便要进入深奥的哲学领域,我在第三部分将会阐明。在这里,我暂时将意义视为经验对你的用处,如何使你能够在世界里行动、如何预判未来。一个经验的意义即存在于对行动产生的效用。比如,数学对于年轻人的意义与其之于数学家的意义则可能不同。对于年轻人,数学意味着枯燥、沮丧、挫折感。这些感觉可能都是做数学题目产生的经验。如果这样,那么这个经验便是错误的教育。其终止了年轻人对数学原本可能产生的兴趣,也因此损伤了其更有成效地经验世界的能力。

教育的社会维度

从三个意义上来看，经验的形成与改造也有社会性。

第一、如果不生在社会团体中，儿童便不会有机会进一步获得经验，无法将其内化，以帮助自身存活。另外，儿童在早期获得日渐完善的生存经验，帮助其在某特定社会中成长。如果所存身的社会较为原始，那么该教育过程会在家庭中或村落中进行。儿童会获取打猎、制造及使用工具等生存技能。随着周边环境和经验本身不断变化，这些技能会在不断练习和反复试验中逐渐得到完善。这样，经验会带来新问题，进而刺激儿童去思考，促生新的想法，对经验进行新一轮重组和测试，形成新经验。

第二、在另一层意义上而言，改造也是社会性的。为了生存、茁壮成长，每个个体都要适应他人的视角。人们必须常适应并响应他人的观点和阐释，预判其行为。他人也会给予回应，这又要求进一步重组经验。

第三、个体需要学习集体的语言，在学习过程中，个体会了解环境的某些特征，而忽视其他特征，因为语言是经验的映射，是看待事物的方法，是区别对待不同经验的方式。在某社会群体中成长，个体不仅仅要以某特定的方式经验事物，还要获取工具，对这些经验及其改造方式进行批判。

因此，个体越是独立不群（隔绝于社会交往），所获进展便越少。个体便停滞不前了，不会产生新的思想。另外，正如杜威所说，"家庭教育"不足以让孩子有能力预判复杂社会情景中的困难。需要对经验进行更自觉的重构。

他人可以提供帮助和建议，因此，社会群体对学习十分重要。学校将这样的社会群体加以形式化，作为对家庭或村落等自然社会群体的补充。在学校，环境得到了延伸，社会交往得到了提升。就某种程度上而言，学校预判个体在社会遇到的问题，并提供解决问题的思路。因此，学校一方面需要在探索、遭遇问题、寻求解决方案之间保持平衡；另一方面，要沿着公共的思考路径寻求可能的答案。这样，个体会看到，"答案"或"固有知识"植根于探索问题和解决问题，不是与世界无关的碎片化知识，而是要理解世界、在其中智慧地行事。我们必须要从这个视角来理解教师的角色：教师在文化中进行选择，在解决问题时避免僵局所带来的困扰和无聊。

因此，我们需要正式的教育来组织、传授社会群体经验，目的在于帮助年轻人积累经验。儿童不可能有时间和机会去经历社会群体经年累月积攒下来的经验。例如，我们经历了很长时间才学会用科学视角经验世界。"光合作用"这个概念改变了我们的园艺；我们因此可以得出以前无法得出的联系，改变了我们行事的能力、预判事物的能力以及改造我们周边世界的能力。因此，教学是一个有意识的行为，帮助年轻人缩短积累社会经验的时间，用这些经验来改造环境。"教育，也只有教育，才能填补这一沟壑，"帮助缺乏社会意识的儿童获取社会群体积累下来的经验模式。（DE, p. 3）

教育不是什么

理解某哲学立场的一种方法即审视一下将什么排除在外。比如，反对其他什么教育见解？尤其在《经验与教育》中，杜威刻意撇清与所谓传统和进步主义教育运动的干系。在当时（1938年），这两种教育思潮在"理论与实践斗争的舞台"（EE, p. 5）上各有拥趸。杜威是在回应他的批评者，尤其那些将他与"进步主义理念"或"新教育"绑在一起的人。我暂时把这些理念称作"儿童中心主义"教育理念吧。其实，尽管杜威自己反对，他仍与被视为歪理邪说的儿童中心主义教育有着千丝万缕的联系，这才有了第11页上约瑟夫爵士的那番话。

不是"传统教育"

杜威首先反对他所谓的"传统教育"。他所说的"传统教育"是一个大概的说法，是对教育的一种故意为之的刻板化理解。杜威不过是提炼了主流教育形式的某些特征，这一主流教育形式主要指传授给下一代的、已具化为各种科目的知识体系（信息与技能）。这些知识体系与学习者的前期经验之间或许并无联系，不过似乎也不要紧。知识与经验的联系，在学习者看来，并无大的干系。学习科目的价值是固有的，其是否有价值并不仰仗学习者的判断。

再者，传统学习要求学习者行为规范合乎道德与礼仪要求，而道德和礼仪也是代代相传的。得体礼仪的延续体现在方方面面：校服、对教师的尊重等。教师是确保这些知识体系与行为规范得以传授下去的监护人。因此，教师便是"权威"，教师的判断应得到尊重。在理想的情况下，要有资历成为教师,便应先掌握该知识体系,并信守行为原则。而学生必须尊重该权威,仰望真理,因为真理存在于由教师所传授的知识当中(因此导致态度驯服、被动接受、过度书本学习等现象)。对于知识传授以及学习的评估应是客观公允的,因为诉诸正确性标准,这一标准不容商榷。再者,传授知识、教导良好行为的最有效途径是学校,而学校与日常经验却是隔离的。(EE, p. 18)

我们须明白杜威反对什么、不反对什么,明白他的教育理念面临着何种批评。杜威并不反对知识体系的重要性,也不反对知识体系对年轻人的成长是有益的。他反对的也不是传统教育里常见的糟糕的教学方法。他反对的是学习脱离了学习者本身的重要经验。或许有人不赞成,认为传统教育里也有很多良师孜孜不倦地激发年轻人的学习兴趣,这些教师常常让学习内容变得生动有趣。但杜威并非是说,学习科目因为变得有趣了便有了教育价值,或以前没有恰当的激励措施。他想说的是,学习内容须与年轻人的经验建立逻辑联系才会有教育价值。两者之间应该有逻辑联系,而非偶然联系。明白这一点对理解杜威的学说很重要,本书会不停加以回顾,尤其是在第三章,我们将更加详细地审视"经验"这一概念,而在第五章,我们会讨论"科目"和"科目内容",并讨论其与知识体系和探索之间的关系。

不过暂时我们只初步了解一下杜威在批评什么。传统教育传授组织化的知识体系,用知识是否内化来评判学习是否成功,杜威认为这种方式"过于正式、过于学究","很容易变得遥不可及,过于抽象、过于书呆子气。"(DE, p. 4)。传统教育似乎让人觉得已经"完善"了,不再随探索和阐释而变化、发展了。但要时刻警惕的是,正式教育的内容只有学校里的科目,无关于真实生活经验,不能将单词、句子或文章的意义与现实的经验或行为相联系。

如果说杜威只是在反对传统教育中糟糕的教学方法,那便把问题简单化了。在他所称的"传统教育"的背后,其实是一种"通识教育"的哲学理念,杜威对这一理念的批评招来了别人对他的批判。杜威对传统学习的上述总结或许是对现实的夸张,但确实点出了一种教育方式的特征,而很多人眼中的教育目的或教育观点便基于这种教育方式。安东尼·奥黑尔(Anthony O' Hear)对杜威持激烈的批判态度。他为"传统教育"做了强力辩护,说"教育,一定是权威和家长式的。是向学生传授他们还未获取的知识。知识传授,发生在不对等的两方之间,这是不可避免的。"(O' Hear, 1991, p.5)。迈克尔·奥克肖特（Michael Oakeshott）在为"通识教育"辩护时说："简短来说，'学校'就像一所'修道院'，远离尘嚣，在这里我们可以学到精华，因为世间喧闹的奢靡与不公在这里静默了。"（1972, p.69）。他在另一处又说，中小学校与高等学府"是庇护所，学生在这里学习精华，而世间喧闹的奢靡与偏见只在远处轰隆作响。在学校，学习者被领入了学习的殿堂。"（Oakeshott, 1975, p. 24）

奥克肖特以及与他观点相符的人对"通识教育"的界定与杜威完全不同。简短粗犷地说，一个将学习与日常经验断裂开来（因此，学习者被"领入"一个幽静之所）；另一个则将"不公之喧嚣"置于教育经验的中心。"领入"这一隐喻是通识教育传统里常用的，理查德·皮特斯于1967年在伦敦大学教育学院发表的就职演讲的题目就用了这个词。因为年轻的学习者原本尚未跨入知识与经验的门槛，只有通过学习这些知识和经验才能摆脱无知愚昧。学生们被领入一个不同的经验形式。美国也一样，布鲁姆（Bloom）在其重要著作《美国精神的封闭》（*Closing the American Mind*, 1987）中称，因为放弃了传统教育，导致了普遍的无知愚昧，影响了决策与实践。这两种对教育及实践截然不同的理解我们在后面会继续谈到（见第六章和第八章）。这一分歧可以调和吗？

总结一下，杜威的教育目标即经验的发展，而不是积累与学习者经验脱节的知识与技能。这些知识与技能对学习者影响甚微，目的仅在于应付考试，却不能丰富其生命的内涵，也不会改变其思考、感觉或行为方式。比如，学生学完了十年级地理课中关于环境的内容模块，学得很好，也拿了高分，但仍旧不关灯，不把废料制成肥料，继续污染空气等。

不是"进步主义教育"

与所谓"传统教育"、"传统标准"或"传统方法"形成对照的是所谓的"进步主义"教育模式。下面这段解释说起来是基于杜威的观点，仍有明显的演绎成分。其用寥寥几句话来总结一系列并非完全统一的教育实践方法的特征。

大致来说，"进步主义教育"认为教育的核心是学习者的兴趣与需求，而不是优秀教师激励学生去学习其自身并不感兴趣的知识。年轻人的兴趣和冲动才是教育的起点，而不是把课堂变得有趣的外在因素。就好像，把应该学什么的决定权从教师那里转交给学生，教师只是"促进"学生的学习。很多人说应针对该学什么及其对学习者有何作用进行"协商"。将知识细化为各种科目或许有价值,也或许没有,这完全取决于学习者是否认为如此,而这源自孩子的兴趣和关注点。实际经验过程与教育之间应该有着亲密的联系(cf. EE, p.20)。在保留于知识体的东西以及学习者的问题与经验之间,教师应该起到调和作用。调和的价值在于能在多大程度上改变学习者的观点、态度与技能,引导其进一步检验和探索。

上述说法自然是有些夸张,因为"进步主义教育"史很复杂。杜威虽与该思潮有所瓜葛,但在某些方面,他是不赞同的。这其中牵扯复杂。在20世纪前10年的美国,有两个相左的重要运动(Cuban, 2004, pp. 45—47)。一方面是商业、工会和学校联盟,自称为"进步主义分子",他们批判"浪费资源的学校教育系统",称其与社会脱节。人们要求学校迎合社会和年轻人的需求,要求在普通学校或"工业学校"开办更多的职业教育,就像德国那样。职业导向的进步主义思潮致使人们更加重视"商业效率",并采用更多的测试确保合适的学习经验。

另一方面,有一群人汲取杜威的思想观点,更加重视课堂实践,将儿童视为一个整体(情感和智力意义上)。其他人口中所说的"职业导向",在这些教育改革家看来,应该是"以做代学",强调实践的智力与知识,而这和职业却不一定有关联。或许也称之为职业导向,但却比平常意义上的职业概念宽广得多。杜威在《民主与教育》第二十三章中对此做了解释。

这些不同版本的"进步主义教育"有一个共同之处,都对过度依赖科目有所质疑,认为科目知识的传授与年轻人的兴趣及其看待世界的方式关联性不大。无趣自然无益于学习,也被进步主义教育家们称为教育的"弥天大罪"。但却不能为了让无趣的课堂鲜活有趣起来转而采用完全商业化的手段。课堂必须以趣味开始,以趣味为导向。

这种进步主义教育观自然有些极端的例子。20世纪60年代,英国有一所威廉·丁道尔学校(William Tyndale School),很受关注。这所学校举着进步主义和儿童中心的旗帜,让学生自主选择活动项目,教师们不加约束(除非涉及到安全和法律问题)。英国王室法律顾问奥尔德先生的长篇评论《奥尔德报告》(*The Auld Report*, 1976)成了英国教育政策的转折点。政府决心回归更加"传统的标准"。

但是,如果像有些批评者那样,认为这些都是杜威的观点,那就错了。实际上,杜威本人对此也持批评态度,认为这些人一意孤行的改革使得很多人无缘知识的系统传授，过度强调以学习者的冲动与兴趣为中心，过度强调不断变化的世界中的问题，而认为过去的知识与智慧无关紧要。杜威也不赞成教师在年轻人学习经验的塑造中放弃权威的角色。

要想理解杜威的观点，我们必须得知道他不是什么传统主义者，也不是上面那些人所说的进步主义者。为了明白杜威的立场，我们得明白他所说的经验是什么，为何经验的改造对教育如此重要。杜威的支持者兼同事W.H.基尔帕特里克写过一篇文章叫《项目教学法》(*The Project method*)，影响了北美和英国一代又一代教育者，从这篇文章或许能窥见杜威所说的经验到底指什么。我们在第五章再详细论述。当孩子们积极探索时，受到的是探索活动本身的约束，而非外部强加的要求。我们理解这个世界所用的语言与我们在世界中的行动或者世界之于我们的作用息息相关。因此，如果语言与孩子的行动脱节（依赖书本的教育便是如此），语言便会变得生疏，没有意义，只是被动的语言。这里，我们其实已经在讨论对"意义"的一种有趣却充满争议的理解方式——实用主义哲学立场。我们将在第三部分更加详细地加以讨论。

约翰·杜威
John Dewey

不是职业培训

我们一般会将学术教育与职业教育区别看待,前者指获取知识和理解,后者是获取用于有效完成某项工作的技能,学生在二者之间做出选择,一个需要思考与理论化的能力,另一个需要学习完成特定任务的能力。因此,不同的学习者便被截然区分开,在不同机构接受教育或训练。职业活动在职业机构举办,这里有更多实践资源。

但杜威将教育和训练区分开来。动物和人一样也能接受训练。这就意味着,他们会就某些或某类具体物体形成习惯和秉性。这样一来,动物便可被人驯服以服务于某些社会目的,比如马被用来耕地、狗被用来狩猎。但杜威(DE, pp. 12—14)却说,动物不可能像人那样有意将训练赋予某具体用途,也不可能超越具体的目标驱动的习惯性行为,因为本能或接受的训练即如此。说的浮夸些,动物没有"文化",而文化是历史过程中获取的思维和行为方式,没有文化,则无法应对新经验。

当然,人类也是驯化的产物,也会产生行为习惯,对某些刺激的反应是可预测的。但个体乃集体的潜在成员,其反应随着集体的反应而变迁。个体会将集体的理解、情感与目标内在化。个体在获取集体语言的过程中，并非是对外在刺激或环境做可预测的简单反应。个体联系其他经验，对周围环境做阐释，并以不同方式加以概念化。虽然习惯仍就有特殊的用处，但人在改造这些习惯，使其变成有意图的行为，而这些行为则主要是社会互动和经验的结果。

此种有意图行为源自经验以及对经验的重组，也因而将教育与训练区分开来。杜威想将受过教育的人与只是受过训练的人加以对照，以凸显两种教育形式的区别，一种所谓的教育只聚焦于习惯以及对某些特定刺激应有何种反应，而真正意义上的教育却是改造人们经验世界的方式，并赋予人们应对未来经验的能力。杜威批判的是美国当时盛行的一类学校，这些学校设定具体精确的目标，并训练年轻人以达成这些目标，不考虑达成目标对于年轻人有何深刻影响。从某些方面来看，这样的学校在英国也十分盛行。实际上，年轻人即便获得了新技能或养成了新习惯，也并未有多大改变。

杜威将教育和培训两个概念加以比对是有道理的。培训即培训做某事，面向一个具体的目标。但并没有迹象表明，培训会带来知识或理解力的增益，实际上，对获取的技能或习惯也未必有清晰的认识。再者，获取的知识或技能也未必有价值。训练有素的扒手所作所为并无价值。相比之下，教育的内涵却远不止如此。教育意味着理解能力的发展。意味着学习者获取了相关概念，并对世界有了不同的、更加成熟的经验方式。另外，在某些方面，这种看待事物的不同视角是一种提升，而教育便意味着提升，意味着一种更加综合、深刻地看待问题的方式。

不过，虽然教育和培训的概念有所不同（即二者不应被视为同义概念），有些行为既可是培训亦可是教育。人们可以接受培训使用凿子，以获取某特定习惯；而习惯获得之后，在一些情况下，无须多少思考与反思，只是习惯而已。但人可以对习惯进行反思，可以随着情况不同而加以改变和调整。成为更广的思考方式，一种有意识、有目标的行为。因此，也可在教育环境中培训木匠，木匠获得了新技能（内化为习惯），该新技能亦可放在更宽广的评价系统中，审视其所服务的目的。受过教育的画师亦不同于仅仅技艺娴熟的画师，原因在于，前者可使用训练所得的习惯加以创新。这便不是一般训练所能，但培训本身对于该经验的改造却也必不可少。创新是经验能力的延伸。虽然一个是对学习者的外在改造，一个是内在的改造，但如杜威所言（DE, p.11），不能过于强调二者区别,因为外在改造改变的是学习者与世界事物之间的互动方式,改变的正是经验本身。因此,各种习惯与技能的训练也是教育过程的一部分。

《教育与民主》第二十三章专门花了一定的篇幅阐述了这一问题,该章题为《教育的职业维度》(*Vocational aspects of education*)。杜威为"职业"下了一个较为宽泛的定义:

> 职业只是对生命活动的导引,因其所取得的成就,对个人重要,对同伴也有益处。职业的对立面既非休闲、亦非文化修养,而是一种漫无目的、任性无常;就个人而言,缺乏经验的积累,就社会而言,是无所事事,如寄生虫般依赖他人。(DE, p. 307)

另外,"职业是一种延续性的具体化":通过行为活动将各种经验加以连接,无论是作画、经商还是学习科学。

杜威反对简单的二元主义——教育与培训、休闲与工作、学术与职业。成长即经验的不断改造以及发展能力以应对新的经验,个人可在不同环境下成长,朝着不同的要求迈进。不同的活动、工作与关系彼此相互作用,都是生活的一部分,个个都参与经验的改造,帮助提升个人适应新问题的能力。应视生命为整体,而不是散碎的点滴。杜威接着又说,每个人都有若干使命:挣钱、养家、帮助他人、结朋交友。教育认可并鼓励这种更广义的人际互动,而培训则只关注某项具体技能。以当车工为例,车工娴熟的技艺便是更大的个人与社会情景的一部分。

不是实现其他目标的途径

英国最近有一篇报告,说的是当今年轻人财务管理方面的窘境:借债太多还不起、入不敷出、不留钱养老等。英国教育大臣回应称,个人财务管理也应引入学校课堂。这便又赋予了教育一项新角色,杜威在1916年便说过一番有针对性的话:"公立学校是我们社会体系的驮马;是'让乔治去做吧'这部剧的真正主角。"(Cuban, 2004)

我们很容易从描述的视角把教育看作取得某个目的的手段,而此目的与教育并无固然的联系。因此,我们常为了达成一些社会与政府的目标,比如减少少女怀孕比例或提高学生考试成绩,便要求学校做这做那。但我们真的应该如此看待教育吗?杜威挑战的正是上述教育观。

我们需要解释一下个中区别。如果我赶巴士,目的是趁着银行还没关门及时赶到，那么前者（赶巴士）是为了完成某项特定目标（及时赶到银行），但这两者之间的关系只是偶发的，二者之间没有内在的、概念或逻辑上的关系。我也可以坐出租车，或自己驱车前往。及时赶到银行这件事的意义并不因交通工具而改变。

再举一个例子。家长教孩子说"请"，想培养孩子做一个懂礼貌的人。这是培养孩子道德成长的手段。而两者之间的关系并非仅仅偶然的。礼貌意味着对他人采取某种态度，而态度便体现在"请""谢谢"等语言的使用上。

再以教师教代数方程为例。理由是，教代数方程式的目的是教代数，教代数的目的是教数学，而教数学的目的则是为了教育年轻人。在上面的每一个环节，手段和目的之间都不仅只有偶然的联系（理解代数、用数学的方式思考、成为一个受过教育的人），手段就是目的的组成部分。我们教数学是因为用数学的方式思考问题是"受过教育的人"题中应有之意。而"受过教育的人"这个概念不是通向其他目的的手段。受过教育本身就是有价值的，本身就是目的。

当然，这些活动是教育经验的一部分，但也可以服务于一些非教育用途，比如做成功的商人，或帮助年轻人解决个人财务问题。但这并不是其成其为教育的原因。事实上,这样的活动总会失败,因为过于执着于一事一物,不能更广义地理解经验,也无关更宏大的道德成长。经验之所以成为教育,是因其有改造的功能,能给人不同的思考和经验方式。如果没有改造的功能,而只是为了达成某目标的工具,那便不能算作教育。

只有综合地理解目标与手段,才能理解杜威对教育概念的界定,明白教育乃更深层哲学意义上的"实践"。杜威在《民主与教育》第八章中批评从"外部"为教育"设定"目标的做法(他要是能预见当前这种设定目标的做法,一定会愤怒的)。杜威似乎将行为的"结果""结局""期望结局"与"目的"加以区分。一个行为的结果即所引发的事件,与其形成因果关系。而"结局"则不仅仅是结果,结局终止并完成了一个动作,且开启另一个行为。因此,蜜蜂"做蜂蜡"是采集花粉行为的终止,并开启"做窝"的行为,其中每个行为"都与上一个行为形成内在的连续性。"而"期望结局"则指行为主体知道当前行为以何为终结,能预见其自然终止之处。最后,目标则指行为主体以"期望结局"为依据,智慧地行事,按照当下情况,有目的性地行事。因此,杜威批判的观念是(教育设计者们所提倡的途径——终点模式便隐含此种观念):可以从作为手段的行为出发,孤立地定义、理解终点。再者,他认为,即便可以如此孤立地理解终点,个体也无法采取手段,抵达终点,因为,行为的开端与完结并非在真空中进行,(欲达到的)终点不会一成不变。从逻辑和道德上来看,这一点在教学上说不通。从逻辑上来看,这一说法忽略了一个逻辑,学生的行为必须用学生的尺度加以衡量;在道德上而言,并未尊重学生本人所热爱的兴趣和行为。

因此,杜威该论点的核心是"途径"与"终点"具有"内在连续性",不应该从逻辑上将其生生分开。大多数行为都会根据环境做持续的调整,该虚假区分并未充分考虑这一点。在任一持续进行的环境中,人们如何看待自己当前行为,会影响如何看待可能出现的结果。再者,人们对当前境况观察越细微精准,则会看到更多可能结果,便会看到"期望结局"与其他事件的更多联系。因此,"智慧行动"便是不断地应环境而调整,根据调整重设目标。此种智慧行动不等于逻辑谨慎、导向预设终点的手段,因为手段因期望结局发生了改变,期望结局又在不断随着环境改变,而当个体在反思这一过程时又会不断调整途径。杜威说,人们容易忽视事物之间的联系,不能整体地看待事情。另外,当个体接近不断演变的期望结局时,驾驭个体这一目的性行为的原则方针会影响其所做的努力或行动。

换句话说,"目标"体现于"为实现期望结局所做出的努力",并会改变该努力过程。不管在哪一个阶段,都不能说"使命完成"了,因为以前的"期望结局",如今变成了进一步行动的某一个阶段。教学作为一种实践,不是通往某个终点的途径。教学只是实现了一个"期望结局",这个"期望结局"在实现过程中也在发生变化。为实现终点所做的尝试也因与学习者有了互动(学习者的理解与动机)而发生改变,也会随着教师对教学内容理解得越来越透彻、教得越来越好而发生变化。

因此,教育便是对经验的不断改造,在此过程中,个人寻找期望结局,虽然刚开始时并不一定明晰可见。只要有过写作经验的人都明白我在说什么。开始动笔时,并没有清晰的"期望结局",但在写作过程中,会逐渐成型、确定。最后成文时可能和初始的"期望结局"完全不同。人们寻找问题解决方案,探问求索,并考量不同的途径和境况,在此过程中,探索本身发生了变化,进而引发更多的问题和更多的探索。这就是为什么教育的目的应被视为一种不断的成长。

教育是一种成长

从上文可明显看出，杜威视个人处于恒常的变化状态中，因为其经验变化，也因为其置身其中并谋求生存的物质与社会条件。而杜威所界定的教育目标与这一观点是逻辑相关的。在这个意义上而言，个体的人就像有机生物。田地里的植物虽然有长大、出叶、生长、结果的趋向，需要不断调整以适应天气、土壤等领域的变化。他们实现潜能，如同白菜或红花菜豆生长一般，但如果不能与合适的条件相互作用，生长便会停止，甚至会死亡。

杜威常说学习者就像有机物，为了生存，需要适应不断变迁的环境。但他也知道，这个生物隐喻有些局限。因为这里说的并非生物与生物之间的相互作用，而是社会个体与其他社会个体以及留有他人印记的物品、制度之间的相互作用。不仅如此，相互作用的对象还可能是"人类的集体智慧"，假设鲜活的有机个体在经验世界，寻找解决方案过程中有此机缘的话。

因此，没有人一成不变。每个经验都会留下印记，深化看待问题的世界，挑战既有的观念，展开新的可能（期望结局）。这就是"成长"的构成内容——"朝向某结果、不断累积的行动"(DE, p.41)。人们在任一时间点看待问题的方式皆源自先前的视角,但也或多或少地改变了先前的视角。其实,行动本身也是经验积累的结果,同时也会进一步积累经验。理想情况下,经验的改造能帮助个体更有效地应对新经验,让个体得以实施先前不知道或无力实施的新行为。因此,成长不仅意味着变化,也意味着品质的提升。品质提升至少包括更好获取新经验、处理由先前经验生发的问题的能力。杜威指的是:

> 从经验中学习的能力,有能力从经验中获取一些对处理今后困难有益的东西,即基于先前经验调整行动、形成习惯倾向的能力。若没有这一能力,便无法形成习惯。(DE, p. 44)

形成习惯对成长至关重要,因为成长就是不断深化应对未来经验的方式。这种内化源自过去成功处理经验的行为或行动。但习惯(思考和行为习惯)不能"成瘾",即不能形成过度依赖,从而无法适应新情况。习惯本身是成长的工具,需要不断打磨使其锋利、灵活,并加以批判的审视,以防其阻碍个体调整,妨碍解决问题。僵硬的习惯会阻止成长，而非促进成长。

因此，成长这个概念是评价性的，而非描述性的，指能够更好地获取经验与拥有更多经验的能力，而这是人作为社会动物的存在条件。

一些教育家强调教育目标是个体成长，其影响也体现在英国若干政策法规中。于1932年发布、涉及英格兰和威尔士小学教育的哈多报告（Hadow Report）称：

> 在制定小学课程时……我们的主要宗旨必须是为7到11岁年龄段的孩子提供其健康成长所必备的要素——身体、智力和道德意义上的要素。只要明白生命即成长的过程，包含各个发展阶段，每个阶段又有细分的阶段和需求，就不会质疑上述说法的道理。[哈多报告（Hadow Report），1932, p.92]

1967年的普劳顿报告《儿童与小学教育》（*Children and Their Primary Schools*），在开篇第一章为报告中提出的详细建议给出了一个理论与哲学的概略。普劳顿夫人的这份报告，如同杜威就立在她身后一般。布莱恩·西蒙对这份报告做了历史记述，指出了其中杜威的影响（1991, p.362）。

报告中提到所有儿童的一个共同特征：早早就产生"强烈的欲望"，热衷"环境探索活动"，这是因为儿童有"好奇心"，尤其当遇到新奇、意外的经验时（第45段）。可把"发展"看作是"不断发展的有机体与环境进行持续、复杂互动"的结果（第11段）。

但批评者们立刻便指出，这其中不乏困难。假设了人们可以通过观察成长物体的属性或本质便能明察评价意义上的成长。我们既然可以辨别出植物的成长与衰败或受阻（即植物应有状态和非正常状态），我们也可辨出个体的人的成长是正常还是受到了阻碍。辨别的方法便是，要知道正常成长的社会个体应该是什么属性。社会个体的本质在于与其他社会个体的互动，使得现有经验变得更有成效，更有助于解决问题。在这个意义上，成长本身就是终点。但批评者们会说：难道不能区别健康与不健康成长么？教育成长的评价难道不是既在于成长的属性，也在于成长最终带来什么吗？衡量教育成长的标准并非在于我们所说的成长。我们将在第六章讨论这个惹人争议的伦理维度。首先，我们就以下话题进一步澄清：经验本身是何性质；学习者要拓展的兴趣是何性质；若想真正实现成长，要有选择性地引导一些兴趣的发展。

同时，学校教育的目的是确保教育的延续，途径便是将确保成长的要素有效组织起来（DE, p. 54）。学校是社会生活的延续和提升。因为社会生活复杂，需要更加集中力量确保恰当的经验，确保这些经验能够让个体更有成效地体验居于其中的物理和社会环境。

结论：回顾教育的目的

我们问教育是什么目的，并非是在问教育终点为何。终点是可以清晰界定，并可以通过一定的学习活动抵达的。事物的目的并非独立于实现途径的终点。其实，要讲明白教育的目的，就是要讲明白贯穿学习活动之中的价值观。何种学习才算教育呢？

为了回答这个问题，杜威想先讲清楚学习者到底是什么。学习者是一个鲜活的社会有机体，不停自我调整，以适应身处其中的物理和社会环境。调整适应的主要方式基于经验对周围环境以及个体行为的"期望结局"重新概念化。这种重新概念化没有终点，因为活着就是一个不断概念化的过程。

个体置身其中的社会环境也包含了过去世世代代累积

下来的集体智慧。集体智慧是对他人经验的借鉴，是个体与他人互动的结果，是众人经验所加，是很好的经验集，赋予学习者更多力量。但集体智慧必须与学习者的经验相连，因为学习者的经验远非完善、练达。这里就需要教师的艺术与技巧了。

个体经验改造需要在学校或他处聆听他人的讲述、与他人进行批判性的对话，所以能否确保经验的一致性、连续性与互动性，就成为一个挑战。否则，经验便彼此孤立隔绝，使得每个经验集都变得贫乏（如同科学的与宗教的经验互不相通）。因此，生活本身便需要不停改造经验。从不成熟（因经验有限，无法有效处理诸多情况）到逐渐成熟。但只要个体生命继续存在，与周围物质、社会环境的互动就会继续，就会不断成熟。成长没有终点，一直不断进行。

因此，从这个意义上看教育，与若干理念格格不入：第一、简单的、与学习者经验脱节的知识传授；第二、对经验不加引导，对进一步获取经验益处甚微；第三、学习与学习者亲身经验或激发其兴趣的经验脱节——即引发学习者开动脑筋的兴趣、需要学习者对所遇情景与问题进行再概念化的探索。只要经验不断得到改造，不断挑战旧概念，旧有经验不断创生出更有效的探索与解决问题的方式，就有成长。成长是一个自足的概念，也是教育的目的。

杜威作如下总结：

> 我们的结论是，生命是不断发展的过程，发展、成长就是生命的本质。如果从视角看教育，就意味着：第一、教育过程本身就是目的；第二、教育过程是不断重组、重构、改造的过程。学校教育的目的是组织起保障成长的各方要素，确保教育得以延续。最好的学校教育应该是，让学生从生活本身学习，创造生活条件，使得所有人都能在生活过程中得以学习。(DE, pp. 50, 51)

这里自然有许多难解之处，需要进一步探索讨论。其中一个难点在上文已提到，成长本身就是终点这个概念，无论生发何种新经验或"期望结局"。第二个难点，"经验"这个概念出现了很多次，我们在下一章会详细谈及。成长本身作为终点所涉及的伦理问题将在第六章谈到。

第三章　经验、理解、认识与探索

经验：一个关键的概念

《经验与教育》第二章题为《论经验理论之必要》(The need of a theory of experience)。这个理论需求源自杜威的经验主义哲学观，这个哲学观认为所有的知识与理解最终源自经验，并会在逻辑上重回经验。事实上，如果我们需要为杜威的教育哲学找一个悬挂的支点，那么这个支点即"经验"，及经验的丰富。杜威于1938年出版了一本书，书名仅包含经验二字，杜威在书中尽量言简意赅地向怀疑者与批评者解释他教育哲学的核心观念。在《民主与教育》中，他提及"一种经验与知识的新哲学"(p. 273)。

杜威之所以把经验作为其著作的核心概念，其中一个原因是教育对"经验"不重视，年轻学生饱受其害。杜威在《民主与教育》第二十章中解释道，人们常把"经验"与知识加以区分，认为知识较低劣，视其为实践，与特定情景有关，因此欠缺（在传统主义者看来）教育应该传授的理论深度。结果便是，在教育实践中，理论应被传授给那些智力超群的人，无需依赖实践；那些不擅长理论的人才会被安排至基于经验的课程学习。那些智力超群的会学习科学理论，那些智力低弱的则从事实践、应用或实验科学，如种植（农业科技）或做家用之物（家政科学）。实际上，这样的态度在今日依然盛行。英国计划从A级地理科目中去除一些实践作业，以便让位于更多的理论学习。"野外考察"曾被认为是学习地理不可或缺的组成部分，但如今被降格至次要的角色。

但正如杜威所说，"一盎司经验胜过一吨理论，因为任何理论都要应用于实践并在其中得到检验（DE, p. 144）。"否则，若没有经验，人们空有"口头公式"以及公式之间的逻辑关系。这只能算是一个头脑游戏，脱节于其应该为之服务有目的性的实践。因此，对于杜威而言，经验即"掌握用于夯实、检验推理的素材"（DE, p. 267）。

杜威重视教育中经验的第二个相关原因是，经验（按照他的定义）在他的知识理论中占据中心地位，因而在他通过教育发展知识的理论中也占有同样重要的地位。思考与经验的区分，即知识（思考的产物）与经验的区别，便是

"虚假的二元主义"，扭曲了人才培养，也遭到了杜威的极力反对。

哲学背景

杜威的抗争涉及在他看来属于两个独立的哲学立场，一边是理性主义，另一边是古典经验主义。在杜威看来，理性主义的谬误源自柏拉图，却一直供在"理性主义传统"的圣坛上，由笛卡儿、莱布尼兹和斯宾诺莎等人一脉传承下来。这是学哲学的学生都会学到的。

> 柏拉图称，哲学家皆应为王。对这句话最好的理解是，应由理性智力来规约人类事务，而不是习惯、胃口、冲动或情感。理智智力可保障秩序、统一和法律，而其他几项则象征多元与不谐和，象征各个状态之间非理性的波动。(DE, p. 263)

柏拉图的"真实世界"即理念的世界，在其中，经验的世界只是个贫乏的影子。经验世界是暂时的，转瞬即逝，受到情感的扭曲。依赖经验的人，便像《理想国》所描写的那个被困在洞穴中的人，只能看到真实世界投在洞壁上的影子。

另一个立场是古典经验主义，认为"真实"乃个体接受的一系列经验。这些经验便印在个体的心智上。经验是基石，经验彼此联系，建立认知关联，并据此预测类似情景下的未来经验。主体、人和学习者仍是观察者，但观察的对象不是观念，而是在凝视下经过的经验。

在某种程度上来看，把经验视为建立知识的基石确实有其合理性。按照这个逻辑，知识始自个体对其所经验的世界的观察，然后通过归纳，就所观察对象得出一般命题。再将这些一般命题对照未来经验进行检验。如果不能得到进一步经验观察的确证，则需要调整。如果我们从未见过、听过、感知过、尝过或闻过一样事物，那我们便不会产生任何想法，也无思考对象。

但经验哲学立场的历史要比上述简单描述复杂得多。第一，我们直接经验的对象是什么？我眼前所见的是有颜色的一个形状，还是一件套头衫？我所见所闻是否在我的心智（如同一张白板）上留下直接印象，或是会受到先前印象的干扰？或是我的大脑会对观察事物进行积极的阐释？外部世界在我们的心智留下印象，或是不经阐释（只是一系列印象），或是加以重构。如此，心智与外部世界是否能截然分开？

在经验主义历史中，对经验的对象以及心智在接受、形成经验的过程中所扮演的角色有过各种阐释。A.J.艾耶尔（A.J. Ayer, 1947—1948）尝试将所有知识简化为感觉材料的构建，而感官数据即经验的对象，我眼前所见即褐红色的某个形状，而不是一件套头衫。套头衫只是对不同经验的复杂总结，也是一种由经验归纳出来的假设，而这些不同的感官会以某种方式聚合到一起。

在杜威看来，理性主义与经验主义传统的主要问题皆是"已知对象"与"认识主体"之间的二元论，因此，"观察者"认识论隐喻亦有此瑕。观察者隐喻认为心智观察、思考被观察对象，无论被观察的是观念的世界，还是感觉、感觉材料或情感。

如果不谈"经验的理论"，便是忽视了这些对教育意义深远的哲学命题。任何教育理论或实践都必须为"经验"留出一席之地，不管对经验这个概念作何理解。学习确实要依赖经验事物，即便只是教师的课堂笔记。但学习者接触什么样的经验，背后则是何为经验对象以及怎样才算是检验该对象的根本观点，虽然这一点少有人认识到或明确指出。教师讲述笔记，便是认为学生听到这些笔记是理解与知识的基础，是有价值的学习方式。但学习者所经验的可能是声音的语调，一些并无意义的声音以及周围的氛围，这些皆非知识所构建。事实上，或许正是感官以及一些情绪，让学习者厌倦对知识的追求，使得大脑迟钝。或许这些声音对"心智"影响甚大，在一定刺激下，影响还会反复出现。

与杜威同时代还有一种对经验的理解方式，深刻影响了对学习内涵的界定以及课堂实践，影响达数十年之久。这个理论就是行为心理学领域的"刺激——反应"流派，其中领军人物有J. B. 华生（J. B. Watson），杜威在芝加哥大学任教时，华生还是该校的一名研究生（Ryan, 1995, pp. 124—125）。这个行为学派并不考虑"心智"的作用。我们人类只是物体，我们的行为可以用因果关系加以解释，这一点和其他物体没有区别。我们的行为只是对刺激的反应，我们可以计算出"法则"，推断出在合适条件下什么刺激会"引发"什么特定反应。特定物理"奖赏"（如给予食物）能刺激生发某些行为。特定惩罚（如施加痛苦）则能刺激或导致嫌恶行为。逐渐撤回奖赏或惩罚会弱化刺激与反应之间的因果联系。

了解杜威同时代的其他学习理论，能帮助我们明白杜威所说的经验究竟何意。首先，华生不认为"心智"是区别于身体的独立物质。"心""身"二元论在哲学领域无疑一直挥之不去，自笛卡儿以来，占据主流地位，杜威正是想消解这一二元对立。从这个意义上来讲，杜威是个行为主义者。人类与自然是一个连续体，动物的行为习得与高级动物，即人类的行为习得之间亦然。杜威所反对的二元论哲学否认其中的连续性，认为心智机体不属于物质世界。杜威说："该哲学理念有生物学学说的支撑，即人与自然是连续体，而不是外来物体。"（DE, p. 285）

但杜威对华生及其同仁的行为主义也持批判态度，理由如下：刺激影响的不仅仅是一个纯粹的被动物体，也不能决定其作何反应，因为先前的刺激也影响了刺激被接受的方式。其实，接受刺激的物体是有机体，其面对刺激时不仅仅做出反应，而且进行自我调整以适应。换句话说，刺激物是被阐释（这个词是心理主义用词，但杜威似乎未能找到更合适的用词）的对象。

因此，如果在对心身二元论经过一番解构之后得出结论认为，经验既非个体头脑中的理念，也非身体上的知觉、感觉等，那是什么呢？

获取经验

经验着的有机体吸收先前经验，做出调整，并影响未来经验的属性，但其所做出的响应也有技术性的一面。有机体对刺激的适应是有目的的，通常是为了有机体自身生存或更大的善。植物响应太阳的刺激是为了获取营养与生长；缺水时，根茎便会向地下更深处延伸，为了获取养料。同样，儿童在响应环境的刺激，也会为了生存或康乐的目的而采取相应行为，比如受到火焰灼烧的疼痛刺激时，他们便会改变行为。

> 孩子把手指头伸进火焰时，并非经验；当这个行动与其经受的疼痛发生联系时，才称其为经验。此后，把手指伸进火焰就意味着灼痛。(DE, p. 139)

经验中还有主动与被动因素：尝试（或实验）与经受

（或结果）。"经受"则会影响下一次"尝试"。个体"尝试"的结果成为我们未来经验的一部分，会为下一次尝试赋予意义。经验也是行动的一部分，进入主动行事的有机体，也被行为改造，有机体也会有目的地对下一个境况做出反应。因此，先前经验引发的调整会对经验做出"阐释"。因而在这个意义上来说，经验中有认知的因素。经验不是原封不动地加于被动的心智。

另外，生发经验的行动有"期望结局"。有机体是积极主动的，进行的是目的性行为。这是从期望结局的角度看待经验，或赋予其意义，转而影响期望结局。这样看来，杜威似乎违背了低级与高级生物体属于生物与进化连续体这一说法，因为用"期望结局"来解释人类行为的话，似乎有别于动、植物的适应性行为。但事实并非如此，杜威在《经验与自然》（*Experience and Nature*）中做了解释：

> 从植物与非人类动物的行为表现来看，它们似乎更关切应该维护自身。即便是原子和分子，在与其他事件接触时都会表现出选择偏倚，或冷淡，或亲近，亦或排斥。对某些事物表现出贪婪，而对其他事物则懈怠、冷漠。表面上的主动欲求实则是自然科学，这

并不奇怪。自然物体确实会表现出偏好与中心意识，但这不是超自然现象。(EN, p. 208)

因此，经验的价值在于其产生的联系——富有成效的适应行为。孩子如果在烛火上灼伤了手指，则会对火焰产生不同的认识，将来会做出不同的反应，火焰也会呈现不同的意义。他对火焰产生的新经验体现了先前经验的积累，也会诱发不同的行为方式。

因此，对杜威而言，简单的植物生物体与更复杂的人类之间有进化连续性。杜威摒弃心身二元论后，必然会得出这一结论。有了此种生物模型后，杜威认为年轻学习者在不断适应新刺激，适应后便会对下一轮刺激做出不同的反应等等。因先前的刺激与适应，新的刺激才有了一定的"意义"。因此，不同的人类生物体，对同样的刺激不会做出完全一致的反应，因为每个生物体都因先前的刺激做出了各自不同的适应，因而会用不同的方式去"阐释"新经验。

毫无疑问，有些刺激（潜在经验）会遭到忽视，其未能与生物体的阐释系统（已经内化的联结关系）形成连接。或因生物体已形成其他趋向，或因刺激过于复杂，无法适应。若要刺激产生成效，其必须符合现有阐释模式，即能进入积极的意义搜索范畴。

我们需将该观点与另一个观点，即心（经验主体）身（经验发生场所）分离说相比较。杜威这样评价后者：该学说将活动与结果的亲密联姻割裂，无法形成对意义的识别；只剩下两个碎片：一方面是身体行为，一方面是直接被"精神"行为领会的意义。（DE, p. 140）

杜威主张的是非二元独立的"经验理论"，其中，感觉是"知识的大道"。放风筝的人掌握的知识在手上，因为（生物体）要对不同的力量做出响应，调整技巧，把"习得"的知识技能应用于对风筝的操作中去。放风筝的人将从先前的经验中习得的技能加以吸收，对未来经验做出预判，而放风筝的技艺因此不断提高（DE, p. 142）。一个年幼的孩子玩一个简单的玩具或一张报纸，"测试"可以怎么玩，然后将测试成果运用于玩耍，延展玩具的操作方法，开启更多可能性。这里，除了实践之外，并无思考，但对于这个孩子：一个鲜活的、有目的的积极生物体而言，其习惯与技能库以及对环境的掌控却在不断得到拓展。

我们应该稍加停顿，来探讨一下这一"学习理论"——生物体在有目的的活动中身心合一，意味着什么。

首先，该理论道出了一个很多教师心知肚明的道理，即个体思考在某种程度上与身体有关。比如，画家与工匠用手思考，舞者用整个身体思考，足球运动员用脚思考，厨师通过在菜肴制作中不断试错来思考，年轻的妈妈在带孩子过程中思考。这里并非两个不同的动作，并非心脑思考，身体常常随后在另一个场景中执行指令。作画、跳舞、踢球、烹饪、育儿的经验是对先前经验的总结以及预判未来经验如何得以内化。经验既是理解、阐释外界当下发生的事物，也是预判未来发生的事物以及该如何应对。这里既有认知元素，也有意动元素。其结构本身便筛除了一些经验，同时也使得一些经验更易被获取。

第二，这个"经验理论"非常重视"做"和"制作"，并视其为主要的学习方式。即目的性行为中的经验是一种理解。教师若历经丰富广泛的经验，并据此不断调整，以达到某些"期望结局"，则比起那些只在书本上学习教学的人，会获得不同的认识。尽管有人将教学视为"科学"（Reynolds, 1998）。但教学实乃一种"实践"，一种有"期待结局"的目的性行为，学习者应该换一种方式看问题，掌握更多信息。聪明的教学并非将理论与研究运用于教学实践；教学乃不断根据环境进行调整，从先前经验中学习，即便这种学习无法名状。教学这么做，便能使得各种不同经验符合学习者现有的经验框架，对挑战并使其延展。（这一点将在第四章详细论述，该章聚焦培养学习者的兴趣。）

第三，杜威所说更加夯实了习惯与技能的重要性。习惯即生物体不加犹豫地处理某些情况与问题的方式。习惯包括已经获取并经成功经验强化了的应对办法，因此也会塑造未来的经验。习惯因此赋予学习者更多能力，助其进一步探索，发展更多、更复杂的习惯。当然，这样的习惯或许对新情况而言并不合适。在新情况下，或许需要打破或改造习惯，但若没有习惯，学习者无法应对其所面对的大量经验。再者，处理这些经验的方式，即便是习惯方式，也不同程度地依赖技巧，即习惯性协调身体力量以应对新情况。这样的技巧和习惯拓展了个人的能力，解放个人于不必要的心力，从而可以有余力考虑更多问题和"期望结局"。

第四，智慧的"做"法是通过"做"习得的，当然还需要有经验的他人予以纠正。"智慧的做"并非通过课堂上听教师讲授"做"习得，也非通过关于"做"的理论传授习得。学徒工程师或理发师通过处理实际问题学习，有时候需要经验丰富的师傅加以指导和纠正。通过解决以往问题获取的知识（为应对新情况、新问题对既有经验进行的组织），"流入"随后的问题解决过程中去。因此，教育在很大程度上应该是实践的、活跃的，并与问题紧密结合。

阐释、知识与意义

我刚将"知识"定义为"为应对新情况对先前经验进行的组织"。但这并不意味着经验的重组是有意识的行为。其与生物体的目的性行为有内在关系。每个经验都是对新情况的阐释，而阐释本身也在不断演化，以适应处理新情况。

但是，个体可以对这种经验的组织（实践知识）进行反思。这些经验可以形成命题，不过命题式知识永远无法完全涵盖行动所依赖的经验知识。另外，命题式知识源自对经验的反思与构建，也需回归经验。命题知识源自经验，也应该解释经验，一旦与经验脱节，则欠缺有效性。若与经验脱节，这样的知识只是一堆公式和理念，与经验世界失去关联。

数学教学便是一个很好的例子。学生只学习公式，不去从相关实践，脱离真实世界，而只有在真实世界中用量化关系去体验事物才能进一步影响经验。这样的经验没有意义。因为其中个人与外界并未建立联系。个体与以前一样，并未受到外界影响。这种所谓的学习局限了身体活动，将身体与心智，即对意义的认识分离开来。(DE, p143)

而到底何为对意义的积极搜寻？为了理解这一点，我们必须要明白"遇到问题"与随后的"探索"有何意义。

生物体之所以调整适应，是因为其正常活动受到了约束，无法继续做之前能做的事情。就这一点而言，低级生物体与最简单形式的生物体并无二致。但人类究竟如何呢？当其中一种方法奏效时（即问题得到解决），个体便会做出相应调整。因而习得并内化了一种新方法，未来便具备能力处理类似的问题。问题引导个体搜寻"解决方案"，进而获得"成长"，获得一种更复杂的阐释系统，提高了处理未来问题的能力。遇到问题促人前进，在应对问题的过程中，又遇到新问题，如此反复。这赋予个体更大、更有限的掌控自我与环境的能力（同时，在过程中又会导致新问题出现）。进步与成长因而得到保障。

杜威在《我们如何思考》中说，解决问题就像是"走分岔路口"（HWT, pp.10—11）。起先不知道往哪条路走，选择其中一条，却发现是绝路。回过头来，走另一条路，看啊，就会发现这条路正是你想要去的方向。这里发生了两件事。第一，你学会了处理分叉路口问题，那以后便知道如何应对了。第二，新路也带来了新的选择、新的问题。永远都会有新问题出现，不断需要找到解决方案。这就是生活。

这里可以用一个实例来解释一下。一个人正在做事儿，灯坏了，不得不因此而停下。他就回想上次的情景，当时插座开关没开，于是便打开开关，灯还是不亮。他又回想一个场景。换灯泡！灯还是不亮。他又回想一个类似的问题。换了保险丝，灯便亮了。这里采取的一系列行动，都是假设，一个一个在经验中测试。每个行动都基于存储于大脑中的先前经验，让他做出各种联系。知识因此得以建立起来，经验的有效组织使个体能够采取合适的行动，行动再通过更多经验加以检验。

过程中的适应常常在他人帮助下完成。比如，师傅看见小学徒不会锯木头或弯管子，就示范一下。学徒把这技巧内化，做出调整以适应新的行为方式，这样能在未来遇到相似问题时成功应对。成长基本就是这样一个过程，看别人示范，或遵照例子，做出调整。在较为单纯的社会情景中，此种适应无须正式的学校教育。

上述分析表明，杜威想避开身心二元论。目的论解释（在变动、复杂的阐释系统中，反应具有目的性；阐释系统本身即先前反应的产物）对我们所说的生物体而言是必不可少的。也就是说，生物体即学习过程中的人，对刺激的响应是有目的的，但其反应是源自一个内化的阐释系统。这一阐释系统本身就是先前问题解决过程的产物，其改造了目的本身，或后续行动的"期望结局"，虽然这个后续行动也发生了改变。世界是被经验着的世界，生物体要不断适应、不断改变反应模式应对未来刺激。生物体生活在"意义"的世界中。这个意义世界可以被视作一种"阐释图式"，我们通过这个图式来组织世界（部分图式是因果概念），解决日常问题。认知即行动或解决问题。我们按照我们的阐释系统和世界互动，在其中行事。我们在与世界的互动中经历一次次的成功或失败，我们的知识也随着获得进展。我们常常被失败拦住去路，遇到问题，需要克服、解决。生活就是克服一系列问题的过程。

但我们必须要清楚，阐释图式不止一种，我们会将其分类为宗教的、诗意的、艺术的、科学的图式等等。将对不同知识类别加以形式区分或也有实际的用途（知识需要检验），但我们不能将这种用途抬至"客观"的高度或认为其具有正式意义，因为脱离了实际意义，无法帮助学习者克服问题，或有效适应更多经验。我们可以用一种更加整体主义的视角来看待"经验的适应系统"，将诗与科学融为一体，这让人想起格林（T.H. Green）在《伦理学导言》（*Prolegomena to Ethics*, 1983）中所说的，科学将经验进行诸多分类，诗歌却能感受到整体。杜威深受其影响。同样，宗教也促人进行整体性思考。

"技能"和"知识"

> 我刚谈到"知识"。知识指的是对现有经验进行组织，帮助生物体成功应对未来经验，采取一系列行动。知识即了解一个物体的各种联系，这些联系决定了在给定情景中的适用性。理想的知识即一张互联、互通的网络，在其中，任何过去经验都有助于解决新经验中遇到的问题。（DE, p. 340）

不过，读者读到这里可能会得出这番解释，即认知者观察者了解事物之间的联系，并依此行事。这就又回到心（了解联系）身（提供联系之经验）二元论了。而"技能"和"知识"之间的区别在哲学上早有详尽的阐释，吉尔伯特·赖尔在《心的概念》(*Concept of Mind*, 1949)中便有详细的分析。"知识"指的是经过经验检验的命题知识。"技能"指的是在特定情景中恰当行事的能力。我们常说骑车技巧、画画的技巧、如何与女王对话、如何踢足球等等。这样的知识无法转换成命题知识。实际上，关于上述活动的命题知识，如骑车涉及的平衡原则，和女王对话涉及的礼仪规范以及踢球的策略，都可以由并不擅长这些活动的人来撰写。另外，那些从事骑车、画画、参见女王、踢足球的人，不一定能解释清楚他们做事的技巧。如果想着要解释其中原理，反而倒不一定能做好。他们无法抵达"期望结局"。

比如，若一个人会开车（手动挡），能够熟练换挡，光听引擎声音，就知道如何换高挡或低挡，换挡前迅速踩离合等。看、听、感觉与手脚动作协调一致。这里的一体化动作可以用命题知识加以描述，个人可以一边在脑子里对这些命题知识加以回顾，一边有意识地做动作。但如果真这么做，挡位肯定会乱。如果是一个新手学换挡，那么可以教他或她有意识地做各个动作，比如听发动机的声音等。但通过练习，已经将"知识"加以内化，已经超越对一连串动作的描述这个范畴了，而是变成了一种习惯。因为掌握了这项已成为习惯的"技能"，司机便能得到解放，有余力去注意更多的事情。

了解知识与技能有何区别很重要，能够帮助我们更好地理解杜威的观点，尤其是他对很多教育实践的批评。从词源学与教育实践的视角出发，认为一方凌驾于另一方的观点一直都存有争议。"技能"能否被简化为"知识"，技能中所包含的知识成分是否能用一系列命题或知识［Ryle所谓的"理智主义者传奇"（intellectualist legend）］加以分析？或是情况相反：知识最终能以一系列技能加以分析？杜威会站在后一种立场。命题知识的目的必定是要形成经验，体现于各项有目的的行为当中，这样才有益处。只要知识与经验之间有逻辑联系，那么就一定会帮助人们更聪明地行事，虽然不一定全部体现在所积累的经验中。

当然，在教育意义上讲，人们正是基于这个认识才批判强调知识的教育实践，即课程，因为用命题的形式来传授经验。该传授与"技能"脱节，虽然源自技能，目的也在于培养技能，因此就丧失了主要功能，变成了一种文字游戏，不再服务于实用的目标。

探索

当人们遇到难解的问题时就开始一个探索的过程。问题可涵盖各个种类。通常，个人会产生困惑，然后试图去理解。其内部经验组织受到了挑战。新的事件或他人的干扰有违原先阐释经验的图式。教育的目标就是提供一种经验的能力，辅助人们去理解、克服问题或困惑。因此，正如杜威在《经验与教育》（p. 25）中所说，"教育与个人经验之间存在有机联系。"教育帮助人们寻找意义，帮助人们理解世界。

科学与宗教在人们对世界意义的探寻中同等重要。在对意义的探寻过程中，人们须承认，我们的生活是社会性的，而非个人的。我们通过教育能够汲取我们身处其中的社会传统，在此基础上理解世界、解决问题、寻找意义。这一点我们在第五章会讲到，在该章我们会探讨学习者经验的个人世界与知识的公共世界——源自前人探索之间的关系。因此，探索即"理解"世界的尝试，但这需要参照他人在类似情况下所做出的结论。

这一探究过程，即个人困惑与公共资源之间的协调过程，这在杜威的一些作品中有很好的描述，如《探索的理论》(*The Theory of Inquiry*, 1938)，《我们如何思考》(1910年，1933年修订)。第一本是哲学，综合介绍了他的知识与逻辑理论及其与科学发展之间的联系。第二本面向更广的读者群体，也更直接地讨论教育问题。

在《探索的逻辑》一书中，杜威说：探究带来经验的改造与材料的重构；改造的结果就未有定论的问题得出确定的答案(LTI, p. 159)。如果不明白上述关于"探索"的描述，再看杜威这句解释："探索是有控制地、有导向地将未有定论的情景改造为一个有定论的情景，其中所含知识分类与逻辑关联确定无疑，将原先情景作为要素纳入统一的整体。"(LTI, p. 104)。这种复杂的描述与定义需要很多解释。

这种"存在的改造与重构"的主要特征是：(1)行动的阻碍，即所谓问题；(2)安排思想或行动计划，解决问题，即所谓探究；(3)对问题的"存在"进行改造，体现于最终判断或"有根据的断言"(warranted assertion)。在上述三个阶段，行动乃探究(或思考，因为思考也是探究的一部分)意义的核心部分。每个问题即一个"岔路口"，生物体的行动习惯受到某种阻碍；形成其他行动方案，以移除障碍；最后判断是，实现了问题情景的"存在改造"，生物体行动得以继续。因此，"未定的情景"——即制造困惑或问题的情景—得到改造，困惑被移除，"解决方案"又恢复了情景的整体统一性。关系得以重新建立；事物又被视为一个整体。生命继续。矛盾对立（或二元对立）被克服。

思考是一种"智化的行动"，其发生之时即当行动习惯被打破——即个体陷入僵局之时。思想与实际问题之间的关系是逻辑性的，而非偶然的。我们思考时必须要涉及实际问题。因此，理论与实践之间并无真正的沟壑，二者互为发端。这一说法并非重新解释何为思考源头，或是实践思考相对于理论思考的意义，而是在解释思考究竟意味着什么。

探索的过程在某种程度上是生命体与环境之间的相互作用；植物与动物要吸收环境的养分，并适应环境（改变环境），薛夫勒称之为环境的"有机能量"。但人类生命体在克服矛盾或对立，解决疑惑或问题时，对其过程是有"控制或导向"的。正如薛福勒所言。"对于杜威而言，经验是有机能力与客观条件互动的结果，是具有教育意义的，因为促使生物体积极思考、想象并予其动力，而理想的科学实验亦即如此。"（1973, p. 150)。因此，杜威对经验的定义并非完全基于该词的正常用法(pp.23—24,参考何为"定义"),而源自更宽广哲学意义上所说的"思考","知识创造"与"探究"。这里有一个概念系统,我们需要稍微调整一下视角,来理解这些概念。杜威所说的"经验"有点科学方法的意思,其中包括"实验"的元素。孩子体验新玩具就是在做实验:看看能拿新玩具做什么,将各种行动的结果内化于心,然后进行新的"实验"。孩子就像科学家一样会遇到困难(玩具不听话);遇到问题,便尝试某解决方案(形成假设,虽然这个假设属纯实践性质,也没有用言语表达出来),操纵玩具与环境,最终解决问题,如果还不得法,甚至会掉眼泪。但如果方案行得通,那么孩子便"被授权"继续前行,并实施进一步活动。

"有根据的断言"很重要。探究带来的满足感并非源自得出了"真命题",这又有点像心身二元论,或描述与被描述,或"知识"与知识陈述所对应的物体。其实是一种心灵状态,使得人们能够借助已经内化的经验继续前行。

杜威谈及探究乃一种"对经验的存在改造",因之而来的"有根据的断言",但他的分析似乎回避了"真理"与"证据"的问题,这是罗素的说法。杜威会说在很多方面重构该问题。这个话题应该多加审视,我们将在第七章详细讨论。

思考与信念

上述说法与分析对于理解杜威的教育哲学而言十分重要，我们再来换个方式讨论一下，尤其结合杜威在《我们如何思考》中所说。关于如何行事，行事结果为何，若有了定论，便可称之为信念。人们有诸种信念，但不一定明言，或对其做过认真思考。我今天早晨起床后，便本能地往卫生间走。我并没有认真思考，"洗手间在走廊尽头。"但我相信如此，否则我就不会朝那个方向走。信念会一直指导我们的行动，除非预期结果没有出现。我相信我的牙刷会在洗手间，除非经验告诉我事实并非如此。"思考"是迈向信念的尝试。

杜威在《我们如何思考》开篇第一章就区分了我们随意赋予"思考"的几种意义，包括单纯的观察。杜威在对这些概念加以区分时，将观察排除在"思考"的内涵之外。思考旨在解决问题，超越现有经验，以期解决问题。思考的目的是信念，因为现有信念遭遇了矛盾的经验（当然，这个经验也可以是从阅读中得来或听他人讲述得知）。

人们通过"反思式思考"来系统地建立信念："反思式思

考即积极、持久、仔细地对信念、知识形式的证据以及结论进行的思考。"（HWT, p. 6）。对信念以及信念的阐述与澄清、论证证据、结果和检验结果的实验加以系统性反思，但却着实不易，需要付出努力与训练，也需要教育。为了具有系统性，在检验解决问题的方案时必须要控制观察的条件。需要社会共同体对此系统性实验的证据与批判予以鼓励，这需要民主社会。我将在第六章做解释。

就成人而言，这似乎是妥洽的。杜威在《我们如何思考》第三章中指出，成人已经有了固定生活（家庭、商务或社会生活），他们总在其中寻找"预期结局"，但却总难寻得，需要克服问题，对所追求目标的价值及追求手段的有效性的信念也要调整。但这些在儿童身上却并不那么明显，因为训练儿童进行反思式、系统性思考的活动是经过精心组织的。实际上，杜威教育哲学支持者W.H.基尔帕特里克为此研究出一套所谓的"项目学习法"（the project method）。因此，必须要遴选出一套真正具有教育意义的活动，这些活动应该：

（1）适合还未成熟的成长阶段；（2）为儿童将来成年后承担社会责任做好准备；（3）同时最大程度帮助孩子培养敏锐观察的习惯（HTW, p.44）。

这里对"教育性活动"所列出的三个说法，没提及这些活动还可以助力学习者汲取"人类集体智慧"，智慧就存在于我们世代相传的知识体中。杜威在另一处详细讲到这一点（见第五章）。

这样的思维方式会为自然物体赋予符号或信号意义，如云是雨的信号。不过，随着经验的积累（比如，阴天却没有下雨），这一符号系统变得日趋复杂。因为人们有不同的经验背景，人们会对相同经验有不同的解读。相同的物体或预示着不同的可能结果。通过教育，物体会获得不同的意义：如"crusade（圣战）"一词，对于布什总统的支持者和奥萨马·本·拉登的追随者而言，便会触发不同的意象、期望和意义。杜威解释道："以前哥白尼和牛顿这样的大科学家才能了解的物体构成属性，现如今而言，连儿童都不难懂。"（HWT, p. 18）

但这样的思考方式不会轻易养成，因为现有信念太珍贵。情感上而言，人们较难舍弃。尽管遇到相左的经验，人们还是会一直坚守原有信念，或者用现有信念来强加解释。这便是对权威或传统的依赖。或是（如果没有教育）因为缺乏挑战现有信念或检验各种可能的文化资源。

宗教与审美经验

或许有人认为，杜威以及实用主义意义理论的支持者们将"实验方法"视为探究的方式，来检验意义以及理念的"有根据的断言"，因而对那些不太容易用经验来检验的探究或"真理宣言"加以拒绝。比较典型的便是美学（关于艺术的辩护与阐释）和宗教意义上的探究。他为何不延续逻辑实证主义线路，否定这些表述的意义（尽管美学与宗教语言常作真理性宣称）？

杜威没有这么做，实际上，部分原因正是他的实用主义立场。艺术或关于艺术的陈述，宗教以及关于宗教的说法（如神学），都有实际用途。在个人经验或社会经验中发挥了一定的功能。

杜威成长于一个宗教信仰虔诚的家庭，但他一进大学教书之后，宗教信仰似乎消失了。他不再信仰上帝凌驾于世界之上，或是一切善的源头，或是道德生活和行为的裁判。道德源泉一定另有所在。实际上，如果相信一个超越的神，又会产生其他二元独立：精神世界与物质世界之间的二元对立以及至善的神圣（如"效法基督"）与不够努力的罪孽者之间的二元对立。新教神学家尼布尔（Niebuhr）强调人类是罪孽的,而上帝是至善与神圣的(Niebuhr, 1932),杜威对此尤为不满。这两者之间的沟壑摧毁了希望和进步的概念,也摧毁了"寄予普通人的信念"(faith in the common man)。

如果从哲学视角加以更严肃的考量,杜威怀疑制度性宗教,因为其将实验主义精神取而代之为权威。经验,包括"宗教经验"在内,应为暂定,可作进一步阐释,随着经验与批评,也会衍生出新的意义,因而不断发生改造。

但杜威的生活与工作仍存有一个宗教维度,如果从宽理解"宗教"这个词的意义的话。为经验寻求一个无所不包的意义,探求经验的联系以及不同经验之间的相互关系,尤其是"共同信仰"(杜威1934年出版的一本书即为该标题),本身就带有一些宗教色彩。宗教具有实用功能,在我们生活中扮演着实用的角色。其让不同的经验形成整体,并赋予其意义。杜威的意义理论并未将意义简化为逻辑实证主义,而逻辑实证主义认为命题的意义在于其验证模式,且只认可经验与逻辑的验证模式。杜威同意经验具备核心地位。但陈述的意义并不在于如何描述世界,因为世界本身独立于该描述,陈述的意义在于其功能与实际效果。《共同信仰》(*Common Faith showed an almost religious* faith in the 'common man')展示了对于"普通人"(common man)的近乎宗教般的信仰。

杜威对各种形式的艺术也有兴趣，仅限社会与个人功能，而非什么独特的"审美"特征。他对神学家的学说（宗教相关的知识形式）也并非真有兴趣，对艺术作品鉴赏方面的知识也是如此。艺术品的意义在于我们的经验组织与预期中所扮演的角色。并非独立的实体，虽然画廊和博物馆的存在赋予其独立的假象。事实上，将艺术品独立开来促使了独立的艺术语言得以产生，人们对于艺术态度也有别于普通经验，导致了人与人之间的疏远，而非更紧密的联系。简而言之，美学家们自诩不凡，认为普通人眼光不够敏锐，因为与自己分属两个阵营。

杜威在《作为经验的艺术》(Art as Experience)中谈到艺术在日常生活扮演的角色。该书出版于1934年。其实，杜威认为艺术和日常生活经验紧密相关，是一个连续体，而非扞格不通。他在《作为经验的艺术》中如此写道：

> 聪明的机械师在全心投入工作时，其实也在从事一门艺术。他一心想做到更好，从中获取满足，对所选材料、所用工具无比用心。这样优秀的工人与粗心

懒惰的拙匠之间有着天壤之别,在厂房如此,在工作室也是如此。(Ryan, 1995, p. 256)

为什么说上面所说的机械师也在从事艺术工作呢?因为他仍在用心感知自己手中的物品,这些物品对机械师施加了影响。对于同一件物品,他与那些没有这些感觉的人有着不同的体验。而这些感觉却与组成普通经验的色彩、形状、声音密切相关。因此,普通经验中的艺术或对艺术的感知会让人们产生各种联想。其用特别的方式组织经验,帮助预期未来经验,以不同的方式赋予经验意义。

但杜威似乎想更进一步。在他看来,经验使人满足,达成其愿望,完成其对意义的搜索(即便是暂时的),并赋予一种完整感,让人逗留把玩,不愿舍弃。人们逗留时,便会看到物体的其他属性(无论是人工还是天然),进而进一步提升经验。我认为,杜威想借此模糊艺术品(有意识创造的物品)与自然物之间的界线,因为二者的意义都在于所施予的作用,而这个效果将各种经验聚集一处,成为一个令人满意的整体,并改造人们享受其他体验的方式。

因此,宗教与艺术都是一种经验的方式,一种将分散经验视为一个整体的独特方式。宗教与艺术都会产生作用，因此，也都有意义。我们必须要结合其在日常个人与社会生活中的功能来加以理解。在这个层面上承认其有意义，并不需要掌握宗教知识（按照神学家的说法）或艺术知识（按照美学家所说）。因此，宗教与艺术必须在教育中扮演一定的角色，但不可将其恣意拔高，视其为独特的知识形式。年轻人有潜力以审美的方式体验世界的色彩与形状，无论其为自然或为人工。我们需要尊重并培养这种获取经验的方式，它满足了某些倾向与需求，使得（如机械工的例子）我们得以开展一些活动。用宗教的眼光看待事物也会影响人们对世界的检验，我们应该承认这种宗教的检验方式，且通过更多检验对其进行进一步拓展。

即便杜威多年前便已放弃宗教信仰，但早年的宗教体验对他经验世界的方式仍有不小的影响。

结论

杜威所定义的"经验"在他的哲学体系、尤其是教育哲学中占据中心地位。人类是更高级的生命体，与自然界交互作用，即为其自身发展提供条件，同时又会遇到障碍。这样的生命体和其他所有生命体一样，积极寻求生存。在此过程中，人类生命体需要适应其与之互动的环境。而这个互动会留下印记，在某种程度上改造生命体，因此影响其继续与环境互动的方式，既改变环境，又被环境改变。

人们通过养成习惯、通过组织、预期其与环境的互动，将这种互动融入自身，因此能更有效地控制环境，对其做出反应。一个经验即互动留在个体身上的印记，被现有经验阐释，又改造个体对未来行为活动的预期。再者，通向结局的途径会被重组，"预期结局"也会因此而改变。

人类不同于其他生命体之处在于能够反思这些互动，能够通过言语表达经验的组织，且能够与其他个体就互动的理解方式进行相互作用。这里说的互动既有社会意义上的互动，也有物理意义上的互动。在公共领域的反思让人们能将这些互动用命题方式记录下来，如果不能解决新问题，还会做出调整以适应新情况。这些命题及其对现有经验方式的改造总是暂时性的。

再者"有根据的断言"源自对经验的反思。因此，对这些断言意义的理解必须与经验相结合。这些断言的合法性在于其与经验之间的关系。科学命题虽然常以教材形式呈现，供学生学习，但科学命题在逻辑上与施加于环境的行动以及科学探索借以发生的工具紧密相关。

因此，从教育意义上来说，我们不应只接受他人的"有根据的断言"，而是亲身去体验这些断言与经验之间的关系，因为这些经验是我们作为人，作为活生生的、求生图存的生命体在最基本层面上所共有的。经验必须与触其生发的问题相联系。另一种看法即退归心身二元论的哲学立场，即古典经验主义或理性主义的立场。但对于杜威来说，这个立场有太多无法逾越的问题。如果我们从进化演变的视角来看待人类，那么这些问题则可迎刃而解。

所以，从教育意义上来说，我们需要找出那些阻碍发展、窒息成长的经验来。正如杜威所说：

> 任何经验，只要阻碍、扭曲经验的生长，便是非教育的。如果经验会触发麻木，便会导致个体对外界欠缺敏感度，不能灵敏响应。那么未来获得更丰富经验的可能性便会受到阻碍。(EE, p. 24)

实际上，杜威在对"传统教育"的批评中便隐约地指出很多教育活动是非教育性的。打消年轻人学习积极性，使之无聊，就算是为了追求个人利益，埋头准备考试时，也兴趣索然。杜威因已放弃了宗教信仰，自然不会谈及罪孽，不过若要是让他来定夺，他会把"使学习变得无聊"放在第一位，因为这是在继续学习的路上，也是成长过程中最打消人积极性的事情。

杜威的解决问题之道肯定也不尽完善，这一点会在第七章阐明。是否所有的疑惑与问题都是对行为活动的限制？那些沉思或审美的思量算什么？这似乎不能完全算作"受阻行动"。杜威用"有根据的断言"这个概念来替换"真理"以及将理论与实践分开，这些做法或都有些问题。

但对教育发出的关键信息是，经验是构成理解的关键元素，也是构成赋予经验的意义的关键元素。经验不是对感性材料的被动接受，而是基于前期经验去解释事件，并改造人们解读未来经验的方式。

但在一些批评者看来，年轻人的经验无关紧要。若在上一章节中所说的"传统主义者"看来，经验是被唤醒的，目的是激励学习者学习相关主题，但传授的内容与被带入课堂，或排斥于课堂之外的经验之间并无内在联系。实际上，很多教师会觉得这些经验不甚有用，将其视为教育的障碍，他们认为教育的目的是将年轻人领入本身有价值的各种理解形式，无论其与学习者经验是否脱节。

这一点不难想象。其实，很多被算作教育的活动，皆是如此。年轻人在贫民窟学校的经验（避难、遭受各种种族歧视或骚扰等）在教室里几无涉及，因为教室里传授的都是"个人、社会与健康教育"或是"社会研究"。

奥黑尔十分不屑于杜威对经验重要性的强调：

> 杜威也多愁善感地谈及儿童经验的价值，谈及每一个成长经验的内在重要性。教室变成了微型的瑞士各州，什么事情都由众人来讨论商议。教师只提"建议"，用今天的话来说，只是个"引导者"。(1991, p. 26)

批评者对杜威提出各种批评（这些批评应针对其背后的哲学立场，我们会在第七章再提这一点），但奥黑尔批评的不能算数。如果忽视年轻人的经验，无视其如何看待、理解世界，如何建立联想、如何预期未来，那压根就是失败的教育。虽然学生会学到零星的"知识"，但作为与物理世界及社会互动的人，却未被触及。学习者没有建立任何联想。

第四章　儿童中心教育

杜威的批评者

一提到杜威人们心中便会生出疑窦，甚至反感，这算老生常谈了，从基思·约瑟夫（Keith Joseph）的评述（第11页）或奥黑尔教授的著述中便可看出。这些批评一辈子笼罩在杜威的头上。实际上，很多讲演或著述（尤其是出版于1938年的《经验与教育》）都是在为"新式教育"（他一直如此称谓）辩护，而批评者们视其教育哲学为一种危险的颠覆。

为什么这么一位和善儒雅的学者被赋予如此形象？有趣的是，杜威思想的追随者，伦敦金史密斯学院的帕特·威尔逊（Pat Wilson）博士，和杜威一样谦逊好学，他在1970年向在职培训人员介绍杜威的理念时，也有人批评说他思想具有危险的颠覆性。威尔森的著作《教育中的兴趣与纪律》(*Interest and Discipline in Education*, 1971)迄今为止都是杜威思想的最好阐释之一。但在1970年召开的英国教育哲学学会会议上发生了戏剧性的一幕，他的论文遭到维护传统教育观的同行横加排斥。当时，正统教育观认为应将年轻人领入不同的知识体系，而如果以教育之名允许年轻人追求个人兴趣，那显然行不通。奥黑尔教授于1988年提交给应用哲学协会的论文同样批判杜威，称他颠覆了教育的核心宗旨，引领年轻人学习我们继承下来的丰富的文化遗产。（O'Hear, 1988）

　　批评者反对的是杜威所谓的儿童中心教育观。这似乎确实颠覆了传统意义上对教育的理解，基于这种教育信条的实践。比如，在儿童中心教育观的影响下，很多年轻人无法获取知识和技能，以理解身处其中的世界，也无法在其中谋生。年轻人因为得以追求自己感兴趣的事物，便没有学习真正有用的东西。事实上，因为推行所谓儿童中心教育的一些做法，出现了一些极端的失败教育的案例。比如，丁道尔学校的案例，也是内容翔实的奥尔德报告的主要调查对象。

　　在杜威批评者们的眼中，儿童中心教育就是让儿童在教育中掌控主导地位，让儿童决定追求什么兴趣，开设什么课程，兴趣的追求到何处为止，然后再去追求其他兴趣，但通常都并不持久。这些兴趣的价值正是在于其趣味性,即便这种趣味是暂时的。事实上,这种观点的背后,似乎有一个价值理论,该理论认为不存在独立于儿童的需求与愿望之外的客观标准,不能证明传统教育传授的知识比儿童自身兴趣具有更高的价值。杜威的批评者们也抓住了这一点。该价值理论认为,在儿童追求兴趣的学习过程中,教师只是一个"引导者"。儿童兴趣是课程设置也是学习经验的核心和依据。

我将把伦理批评留到下一章节再说。这些伦理批判十分重要,如果想避免被批判为道德相对论,回应也很复杂。我这里仅仅简要地解释下何为儿童中心论,虽然很多教育理论家与实践者都提到这一理念,但大多完全误解了杜威的观念。确实,他自称"以儿童为中心";确实,"儿童中心论"要求人们认真对待儿童的兴趣,将其纳入学习课程。他是这么说的:

> 我们教育的重心正在发生变化,儿童成了太阳,教育设施围绕其旋转,以儿童为中心进行组织。(SS, p. 103)

但杜威又在"我的教育信条"一文中解释说,儿童中心论可不仅仅是以儿童为中心"教育设施围绕其安排"这么简单。大多数教师以及教育规划者都会这么说。但这是对应以孩子为一切事物的"中心"或"太阳"的独特解释。这个阐释将儿童的冲动与倾向作为学习的决定性因素:"儿童自身的直觉与能力是原材料,是一切教育的起点。"(MPC, p.45)。这里的困窘在于,杜威被看作儿童中心教育论的倡导者,与卢梭(Rousseau)、福禄贝尔(Froebel)、裴斯泰洛齐(Pestalozzi)、蒙台梭利(Montessori)等人为伍,近年来,再加上A.S.尼尔(Neill)。上述这些人有很多共同之处,因为被归为一类人,但也有很多重要差异。其中一个差异是,杜威重视个人成长的社会与社区环境,这一点我会在第六章详述。另一个重要差异是,杜威立场的背后是独特的哲学与实用主义大本营,这一点我会在第七章加以分析。

这些教育家的共同之处是,都将儿童活动与兴趣的重要性视作教育的起点,实际上也将其视为需要教育的"对象"。此种活动和兴趣不应被视为对教育的阻碍,也不应为了激励儿童学习他们不感兴趣的东西,将活动和兴趣视为利用对象。而应该把儿童自然产生的活动与兴趣作为教育过程的中心。正如约翰·达林(John Darling)在他关于儿童中心教育的书中所解释，儿童中心论的不同支持者们的共同之处是皆将教育视为"天然的"发展：儿童天性便要学习。另一个说法是，儿童是天然的行动者、制造者和创作者（1994, p. 3）。对于杜威而言，识别、发展儿童自然获取的兴趣很重要，追求兴趣正是儿童学习的方式。但他对"产生兴趣"以及"发展兴趣"的理解与其他儿童中心教育论者不同，虽然批评者常常不加辨别。若要理解杜威所言为何，最好的方法是搞清楚他是如何回应批评者提出的四个问题的。

第一个问题源自批评者不理解"兴趣"到底为何。这个兴趣可不是"妄想"或一时的心血来潮。对某事物感兴趣，意味着理解并珍视该事物，有可能对其深入探索。再者，也需要纪律，且必须有一定的管束，才能确保兴趣能够持久，并最终圆满实现。

第二个问题源自批评者误以为儿童追逐兴趣时并非基于理解，否认兴趣源自儿童与生俱来的内在冲动，这种冲动对儿童发展至关重要。

第三个问题源自批评者没有认识到，儿童成长的本质是社会属性的，对于儿童的冲动的约束也是社会性的。人们常常认为儿童中心教育观即注重独立的个人，或者作为潜在的独立个人。但这种理解忽视了个人的社会属性以及社会环境对个人成长或挫败、对不同兴趣的产生与维持所起的关键作用。

第四个问题涉及年轻人兴趣的局限性。批评者认为，还有很多其他可能的兴趣，学习者并不知晓，而这些兴趣更值得探索学习，教师也有责任创造和培养这样的兴趣。简单来说，学习者或许对历史不感兴趣，但教师认为对历史的理解很重要，因此便创造出这一兴趣来。

我会一一回应这些问题。

"兴趣"的概念

我前面说过，对什么事物感兴趣不仅仅是一时心血来潮。若说某人对某物感兴趣，就等于说这个人注意观察该事物的特征，想了解更多，并有动力进一步探索。若没有在适当时候获取适当帮助，或没有受到社会的鼓励，这个兴趣便可能消失，难以为继，感到挫败，转而觉得其他兴趣简单一些。兴趣部分源自被感兴趣的事物对感兴趣的人所施加的认知要求，因为人们想知道结果是什么，或问题的解决方案是什么。

个体对事物的兴趣有诸多可能性，这使得外人难以真正了解个体到底对什么感兴趣，其真正关注的点在哪里。威尔森（Wilson, 1971,1974）对此有详细阐述。比如，亨利对足球感兴趣，这一点很明显。他和朋友们经常一起踢球。但他对玩足球的具体哪方面感兴趣呢？或许他玩足球是为了让朋友对他刮目相看、或许只是交友的手段、或许他对足球感兴趣是因为足球对他而言是唯一的竞技体育选项、或许是想以后靠踢职业足球谋生、或许是他对足球游戏的技能感兴趣：传球、运球、得分。对于兴趣的描述应该更加完备，这个描述要抓住每个人真正的兴趣点，而具体兴趣点是无法通过观察个人行为直接推断出来的。

因此，有经验的教师，对孩子有深入的了解，才能知道孩子的兴趣究竟为何，才能帮助年轻人认清他的兴趣是什么，而之前他只有隐约的认识。经验丰富的教师能够帮助学习者理解兴趣、发展兴趣，不会因挫败而退却，充实兴趣并看到多种可能。这些可能性或许数量极多。学习者在探索兴趣时需要克服问题，获取进一步理解，获取更多技巧，也学会纪律约束和坚持。比如，如果对烹饪感兴趣（杜威经常给出这样的例子，SS, p.106），要想维持兴趣，则需要掌握基本的技能（用火的不同方式，以便使液体稠稀不同)。如果初期知识不能进步,如果不尝试新菜谱,那么兴趣的对立面——厌烦,便会乘虚而入。随着新手厨师的厨艺越来越精湛、科学并认识到烹饪更宽广的社会意义,这个兴趣到底会如何发展,似乎没有限量。

好教师知道何时进行介入、提供额外知识、帮助学习者摆脱困境。他(她)也知道,有些兴趣最后可能会走向死胡同,有些兴趣会通向"阳关大道"。这样的教师也知道何时收手,以防兴趣夭折。因此,追求兴趣作为儿童中心教育观的标志,在杜威理解中,远非杜威批评者口中所说的那样,也不是后来出现的儿童中心教育中所实践的那样。

兴趣与儿童成长

这些兴趣源自年轻人的本能冲动,也是其作为人赖以成长的基础。这些冲动(有时候被称为"兴趣"),在杜威《学校与社会》中第二篇有讲到,文章名为《学校与儿童的生活》(*The school and the life of the child*, pp. 109ff.)。杜威将其分为四项冲动(本能或兴趣):

- 社会交往,谈话,回应他人;

- 探索，遇到问题，萌生兴趣；
- 制造与创造——体现于玩耍、虚构之中，各种活动，包括建造物体；
- 用艺术或语言具体地表达思想与情感。

所有这些冲动、倾向或初步兴趣都是相互关联的。与他人交流的向往或许源自探索的愿望；制造的冲动或许是因为想表达某种情感或领悟。实际上，绘画源自年轻人与周围环境或人积极互动所生发的若干冲动。

这些冲动引发兴趣，心灵开始进行探索行动，由此进一步产生行动、对话、探索、制造、思想与情感表达。好教师能看出这些兴趣是否能促进成长，避免学习者感到厌烦或挫败。教师或许能帮助学生提供相关语言技能，更好地与他人交流，或提供技术帮助，促进其探索，或引导探索走向更多可能途径，或激发学生在其感兴趣的领域展开想象。

学习者有了兴趣便会积极探索，但只有增加了知识与技能才能继续探索，才能（在合适的引导下）为未来学习打开巨大的潜力。这些冲动大多并非纯属个人癖好或私密，而是人类内在所固有的，是其成长的意涵：在各种社交关系中与他人沟通的冲动，了解世界的冲动，创造事物获取成就感的冲动，通过声音、行为或艺术表达个人领悟与情感的冲动。

但如果没有家庭的帮助，这些兴趣的发展是有限度的。学校是更大的集体，扩大了社交关系，可以更有效地探索，开展超越简单水平的创造与建造活动。但学校应是已有学习探索的延伸与丰富。因此，学校主要是"生活并且通过生活学习"的场所（SS, p. 105）。

对于学习者来说，通过各种活动发展这些冲动非常重要，如果学校不重视，认为其无价值，则是不尊重学习者。就如同将所谓教育过程从学习者的生命内核中剥离开来。

因此，杜威强烈批评不愿意或不能培养这些兴趣的学校。他说："与这些过程相关的各种要素目前在教育中还没有占据一席之地。"这些要素即那些在教育报刊上写社论的教育权威们口中所称的"时髦"和"虚饰"。实际上，在传统学校，儿童几乎没有发挥空间。作坊、实验室、材料、工具，这些儿童创建、创作、探索所需要的元素，甚至必备的空间，都严重缺乏。（SS, p. 101）

这样的学校粗陋、死板，只适合听课，不鼓励"做"；

只允许被动，不适宜积极参与；鼓励学生依赖教师的指令，不启发学生通过探索、制造来自我充实。

学习者并未得到尊重，因为他们的兴趣，他们不断成长的大脑所关注的，他们的好奇心以及他们理解与创造的动力，被视为无关轻重。然而，如果仅仅简单地约束这些兴趣，使之朝着教师的指引、而不是学生感兴趣的方向发展，用这些兴趣作为激励学生学习他们不感兴趣事物的手段，那么也是一种不尊重。在杜威的眼中，"传统教育"的最大的失败在于认为年轻学生的思考（学生感兴趣、关心并愿意投入其中的事情）没有教育意义，至多承认这些兴趣，但仅仅作为手段来操控学习者学习不感兴趣的东西。兴趣不应该作为被利用、而应作为被教育滋养的对象。否则，学习者在学校所获的仅仅是要记下来的公式、单词、故事等，为了应付教师、学校或考试体系，而作为人，他们基本没有受到这个所谓学习经验的影响。

兴趣的社会属性

儿童中心教育论的批评者们经常会拿一些误导人的比喻来说事，尤其是将正处于成长中的年轻人比作种子

（Froebel, 1886, 用橡子打比方），说应该允许种子按照天性生长。不管什么种子都需要一些帮助，浇水、施肥、做防风支架等。但这个隐喻主要源自生物学，说的更精确些，来自园艺。

但杜威所说的人类生长的核心要素却是社会环境。种子或植物这种生物学隐喻是不恰当的。源自冲动，其引发的兴趣而来的成长在本质上是社会性的。儿童因为有交流的冲动，才习得了家庭和社会的语言。这个语言以及交流包含着特定的理解与评价，塑造了儿童的兴趣。在发展这些兴趣时，学习者要不停地与社会团体中的他人打交道。

学习者也因此与他人的冲动打交道。要探索问题或寻求谜题的答案，学习者要站在前人的肩膀上，因为前人已经做过探索，指出了方向，开发了用以探索、质疑和发现的概念或操作工具。儿童通过追求兴趣的发展，在一定年龄之前，可在家中进行，尤其是当家庭及周边环境有丰富的活动供儿童探索（比如做食物，或维修家庭用具，或照顾牲畜等）。但对很多孩子来说，并不容易获取这些机会，家庭只能在一定程度上提供这样的环境。因此，学校应该提供环境让学生进一步拓展这些兴趣。理想的学校是家庭的延展，让学生交流、探索、创造以及表达自我的兴趣能得到延伸和提高。

兴趣的引导

在《学校与社会》前三章中,杜威提到从文化活动丰富的家庭工业(即便经济贫困)向规模更大的工厂工业过渡带来的社会经验贫乏。在工业化到来之前,儿童在成长环境中可以接触到各种基本生活条件。比如种植食物,纺织衣服,建造房子等。所以,儿童早早就在这些活动中学会了协作。儿童在其中生发的兴趣是基础的,因为其涉及的是生存以及某种舒适度的获取。随着儿童从父母与社会那里学习如何更娴熟地满足这些需求,他们的兴趣会有所发展,并引向更多可能性。而社会交往会帮助儿童理解这些活动及其文化意义。儿童不仅从具体技艺的学习中获益,也从这种需要其履行义务与责任的生活形式中受益。

但随着数代人历经的社会发生转型,年轻人不再能紧密接触人类在自然中生存的源头,不再需要经历生存的斗争。从儿童生活与教育中缺乏手工技能与活动尤能看出这一点。一些人类冲动无法充分实现,儿童一进入学校教育,这些冲动便随之消失。随着学校教育取代家庭和社群教育，过去大多数人所实践的"用手来思考"，逐渐遭到遗弃。取而代之的是，人们开始用语言传授这些经验，而不是直接通过体验，即使用的是现实的符号而不是现实本身。

而"儿童中心教育传统"便是要将经验与理解再次紧密结合起来，即在我们和自然世界的积极互动与我们关于世界的知识之间重新建立联系。这样的积极互动能帮助学习者看到问题，探索解决方案，形成技能，与他人协作。从积极参与中获得的理解无法通过旁观或书本阅读得来。

有趣的是，那些在工程和科学领域成果斐然的人，自己也曾经亲身实践，不光用脑，也用手工作。威廉·莫里斯（William Morris）[后来的纳菲尔德勋爵（Lord Nuffield）]是一名杰出的工程师，他生产出第一辆莫里斯汽车，在20世纪30年代所有人都在赔钱时挣得盆满钵满。他15岁就辍学，据说自那以后没读过一本书，而且，只要是通过读大学学位获取理论知识的人，他一个都不雇佣。他的知识必定源自实践，通过解决实际问题以及经验更丰富者的评估，理解事物的原理。

杜威承认，学校的课程表也保留了一些有实际用处的实践活动（学术性较弱）。比如女学生的缝纫课、男学生的木工活，这些技能有助于以后就业，但这些并不是重点。这样的实际技能，关乎人类利益与关切，让人们对人类处境有了更深入的理解。下厨房，学习烹饪，并非被视为一个有用的活动（实际上也是一项有用的活动），而是一个改造人的社会性经验。在过程中，参与者培养了团队精神，养成了纪律，解决了问题，而且理解了食物的文化与营养价值。实际上，这样的积极学习不仅仅是有用，价值应该是"将人从狭隘的实用性中解放出来……打开了人类精神的各种可能，使学校里这些实践活动像艺术一样，并成为科学与历史的中心。"（SS, p. 90）

一个当地当代的例子便是斯坦纳学校（Steiner school）教授的课程。斯坦纳学校十分尊重学生表达的冲动。艺术是学校学习体验的重要组成部分，但学生也会体验教育的每一个方面。比如制作衣服时，学生需要准备材料。准备过程中，学生会清洗、梳理羊毛，然后给织物染色。但染料从哪里来呢？学生用草莓制作染料，而草莓在树上和田间。在这些活动中所产生的兴趣让学生了解了材料的属性与人类的劳作，而这些是以前人类生存的必备之物。另外，学生通过文化产品，也表达了个性，理解了集体价值观。学生发展了手工技能，解决了问题，达到了设计标准，培养了团队合作精神。本书作者还观察到，那些8岁上下的孩子们还在花园里准备土壤，播种种子。一年四季，他们要护理花园，看护他们亲手种的植物，最后收获他们自己的劳动果实。这是典型的杜威式论点。这些孩子快乐且有目的地共同参与实践活动，其间，团队协作，时常交流，获取技能和知识，认识人类生存的条件，对自然知识开始形成一些"理论"，了解可能和危险。有了知识基础之后形成的兴趣很可能会（不一定每个人皆如此）获得更完备的发展，无论从园艺或是从文化意义上而言。

因此，我们应该认识到，尽管他的儿童中心论受到批判，杜威还是强烈赞成引导年轻人的兴趣，使之成为丰富的学习资源。不是每个兴趣都能发展为有益的教育经验。如果引导得当，孩子们的兴趣应该通向更宽广的社会观，更能洞见人类的境况，明了于其生活、工作的社会与经济状况。

杜威在《学校与社会》系列演讲中给出了若干例子，说明一个简单的兴趣，如果引导得当，如何能启发学习者探索，延展其在物理与社会领域的知识。其基本原理如下：

> 小孩或会觉得自己想烹饪，却压根儿不知道这件

事意味着什么、代价如何、需要什么。或许仅仅是"瞎闹"一把的欲望,或许只是在模仿大人……但是,如果孩子循着冲动采取行动,便会遭遇真实世界中的艰苦条件,因而要努力适应,还会受到纪律的约束,进行知识学习等。(SS, p. 106)

杜威接着举例子。其中一个例子便是烹饪鸡蛋,说明理解如何开启科学和营养学的世界。比如试验温度,看这些温度对蛋白的影响。正如杜威所言,教育即从具象看普遍,从而提升兴趣的高度,激励进一步学习:

> 教育便是让孩子认识到相关事实、材料和条件,从而了解自己的冲动,然后通过这个认识来调节自己的冲动。这便是我想强调的不同之处,即激发或沉溺于兴趣,并不同于在引导下认识兴趣。(SS, p. 108)

这又引出杜威学说的一些难点。他认为教育乃发展兴趣。这些兴趣,从最基本的层面上来看,源自人类独有的沟通、探索、表达和制造的冲动。然而,对于这种兴趣而言,任何引导都是不够的。教师应确保提供一些引导,帮助学习者洞察其身处其中的物理、社会和道德世界。这些引导并不会自然生发于原始冲动。这是批评人士抓住不放的一点，杜威也清楚地回答了这一批评。但他回答批评时，并不像其他儿童中心主义理论家们那样，仅仅将教育定义为帮助学习者满足兴趣。杜威认为值得追逐的兴趣在伦理意义上似乎有更复杂的理由。

结论

杜威在批判一种"教育制度"，他认为这套制度分明是反教育的。这套制度把年轻人当作知识传播的被动接受者，未能深化他们对自己必须生活其间的物理与社会世界的理解与参与。他们本身即生活在集体中，因此已然是学习者，不管这些集体是大是小。智慧的生活便会延伸出各类兴趣，如此便是学习：解决问题、与别人相处、制造生产、表达自己的情感与思想。但他们到了一定年龄进入传统教育时，便脱离了生活。传统教育虽然能够传输知识，但却未能兼顾学习者的天性。殊不知，学习者在与他人交往时，在完成各项任务时，已经处于积极学习的过程中了。再者，传统教育不了解的是，兴趣蕴含着进一步学习的潜能，帮助年轻人对其生活、工作期间的世界获取更深入的洞察。

要把上面的理念转化成教学计划，需要洞悉孩子们到底有何兴趣，如何能加以丰富、延展与引导。兴趣源自基本冲动与倾向。兴趣需要专注，在活动中得到锻炼并获取新知识与技能。兴趣还关联着更广泛的社会活动。把孩子放在教育体系的中心位置，视其为"一切教育活动围绕其旋转的太阳"，并不意味着孩子就可以无拘无束、天马行空。也不意味着就像福禄贝尔所说的植物那样，只要浇点水，除除草，就能茁壮成长。这些兴趣需要在社会环境中加以呵护，需要与古往今来他人相似的成就与理想相联系。这些成就是我们所继承的文化的一部分。因而，教师们要在积极学习的年轻人与教师所代表的文化传承之间搭起沟通的桥梁。这是第五章的主要内容。

第五章　课程的逻辑与心理维度

问题：儿童还是课程？

杜威以及其他"儿童中心主义"教育家们经常遭到的批评。年轻人在追求自己的兴趣时，无法获得不同学科内含的信息、知识、理论、认识和技能，对物理世界与社会掌握信息不充分、理解不够深入。这就是为什么"传统教育派"如此热衷于传播他们认为有价值的知识，也是为什么课程被划分为各种知识包装，即学科。因为有太多的知识，因而必须以一个有组织的、系统的方式传授。因此，杜威模仿批评者们的口吻说："基于此，孩子们如何能得到所需信息？如何进行必需的纪律训练？"（SS, p.117）。

这个问题的答案我已经在第四章中暗示了。孩子们严肃的兴趣产生于各种冲动：理解世界，明白好生活需要什么，与他人交往，创造事物，因为生活本身即有纪律。兴趣又引导学习者进行进一步探索，并获取生产创造所需的技能。兴趣会引导年轻人理解各门学科中固定下来的基本概念与训练。区别是，在传统教育中，知识其实只是在已知公式基础上对词汇与符号进行操纵罢了，而在兴趣得到适当引导的情况下，知识乃是学习者通过自身探索所得，是其对自身参与活动的理解。知识是生活的一部分。

但是，这里似乎有很多困难。首先，儿童与一般课程所含不同学科所代表的知识之间横亘着巨大的鸿沟。实际上，这二者之间也罕有逻辑或动机上的联系。第二，即便二者之间有了联系，也很难从初始兴趣抵达不同学科所含的知识与理论视角，除非有刻意的引导。再者，传统教育不就是这么做的吗？在科技知识传输过程中（比如，关于光合作用的生物学知识），学习者会看到知识与日常生活的联系（比如植物的生长与健康）。

杜威指出，很少有年轻人能看到其间的联系。年轻人兴趣与学校传授的知识之间横亘着一条鸿沟。学校的知识是以符号、公式和命题呈现的，但这些与年轻人的生活经验毫无关联。学习这些知识只是为了通过考试或取悦教师，但学生在生活中却不为所动。这些知识并未能帮助年轻人更加智慧地理解其积极参与其中的社会与物理环境。

儿童中心主义传统一直完全拒绝分科别目的教学，即知识体的传授,而是完全聚焦于儿童的积极兴趣,因为儿童不断增长的理解力并不能整齐划一地归类于各科知识范围之内。杜威如此评价:"儿童是起点,是中心,也是终点。儿童的发展与成长就是我们追求的理想。这本身就是标准;儿童的自我实现才是目标,而不是什么知识、信息。"(CC, p.127)。

类似的观点在近年来也时常出现,人们想让"培养方案"更加贴近"不情愿的学习者",通过兴趣来教学,而不是通过课程。人们将学校的课程贬为一种"社会构建",只是当权者控制人们思维的工具。

因此,杜威在《儿童与课程》(The Child and the Curriculum)中说,有两种教育观针锋相对,两种教育实践之间也似乎有着不可逾越的鸿沟。一方面,有人热切地支持传授我们继承下来的知识与文化。这类知识与文化被组织成不同科目,之间并无逻辑,各有一套概念、原则、事实与探索方式。教师既是这些知识的监护人,又负责将下一代领入这些知识的殿堂。因而教师需要将知识系统地、有组织地加以传授,而学生需要努力理解,以获得新奇的世界观。但一旦学习者进了门,就可跻身于科学家、社会学家、历史学家、数学家等专家学者的行列。另一方面,也有人看到,这些教学与接受者的实际思维、理想与兴趣毫无干系。这些实际的思维、理想与兴趣才应该是课程设置的重点,因为课程设置的目的便是让学习者受益。"唯一重要的方法即思维探索、吸收知识的方法。"(CC, p.127)。教师在这个过程中只是扮演一个引导者的角色。

但这也是杜威坚定反对的"虚假二元对立"之一。杜威批判"传统教育"是传授"包装知识",但他对教育仅在于追求兴趣、教师只扮演引导者的角色之类的儿童中心教育论同样进行无情抨击。同时,他又承认,两种观点各有一定的道理,他相信课程设置应在二者之间进行协调中和,因为教育过程其实有两个根本要素:"一边是未发展成熟的个体;一边是体现成年人经验的社会目标、意义、价值观。教育过程便是二者之间的互动。"(CC, p. 123)。教育不能仅仅聚焦于其中一个,或让其中一个从属于另外一个,或者让两者对立起来(儿童与课程设置对立),而是要充分考虑学习的心理因素以及所学科目的逻辑结构。再者,年轻学生所积极努力追求的兴趣"已经内含了学校学习中的一些要素——事实与真理。"(CC, p.129)。

学习的心理要素

不同形式的儿童中心论传统有一个核心特征，认为教育者必须要先研究儿童的大脑是如何发展的：儿童如何辨认环境，如何理解周围世界，如何吸收新体验，并做相应调整。这是儿童发展的科学。因此，教育过程应该取决于儿童发展过程，即儿童的自然生命与成长。儿童发展科学对教育过程有辅助作用，清楚阻碍该过程的事物，促进发展进入下一个阶段。

儿童发展科学认为发展的目标是内在于过程的，不是从外部强加的。裴斯泰洛齐（Pestalozzi）与福禄贝尔是最先提出儿童发展科学这一说法的，自此成了"新教育联谊会"（New Education Fellowship）的招牌。达林（Darling, 1994）于第二次世界大战前夕对此有精彩描述。新教育联谊会召开的大会吸引了全世界成千上万人参加。达林称，该联谊会对《哈多报告》（*Hadow Report*）产生了深刻影响，对《普劳顿报告》（*Plowden Report*）产生过间接影响，尤其影响了培养师资的高校。A.E.坎贝尔（A.E.Campbell）撰写的新教育联谊会大会报告——该大会1937年于新西兰召开，描述了当时的情况。达林（Darling, 1994, p. 36）引用如下：

"活动原则"（principle of activity），即儿童在成长过程中通过自己的努力和实际经验发现真理，无论是技巧还是知识、社会情感还是精神感知。重要的不是我们为儿童做什么，而是我们如何帮助儿童自己发现，这适用于婴儿、学龄儿童、青少年。

哈多报告似乎支持将心理学因素引入课程设置，这源自儿童学习研究：

> 我们制定小学课程时，对于7岁到11岁年龄段的孩子，必须要重点关注健康成长，身体、学习和道德意义的成长。因为生命是一个成长的过程，由若干连续阶段组成，每个阶段都有特征与特定需求。（哈多报告，1932，引自达林，1994，p.39）

因此，教育始自儿童研究，因为儿童发展有其自身法则，体现的也正是教育的目标。因此，心理学对教育理论以及师资培训尤为关键。皮亚杰的认知发展阶段理论（Piaget, 1926），以及柯尔伯格的道德发展阶段理论

(Kohlberg, 1971)都受到这一观点的影响。

杜威原先似乎也相信这一原理，因为他强调（见上一章描述）教育的目标即儿童兴趣的发展：儿童通过实现社交、探索、创造与表达的冲动以获得成长。虽然在杜威的教育学说中，研究年轻人如何发展和学习（研究其兴趣为何，以便加以拓展）非常重要，但杜威同样强调的是，这些兴趣需要加以引导，而这一引导无法仅仅建立在对兴趣本身的研究之上。引导需源自"人类的集体智慧"。这个集体智慧固化（或者说存储起来以便随时取用）在书本与人为事物中，与知识不同，知识仅有助于学生的理解能力。这里提及的集体智慧的组织原则与学习者心理大相径庭。学习者心理关注现在与近来的经验，牵挚于现实与社会问题，也以学习者个人兴趣与情感为轴。而集体智慧则超越当下与个人的经验，具化于逻辑上各不相同的科目题材，不带有个人兴趣与情感。但是，杜威又说，二者虽然可作如此区分，但也有联系——逻辑上的联系，教育过程便是建立二者之间的联系，而年轻人思维的心理特征与人类集体智慧的逻辑框架实乃一个连续体，我们要明白、牢记这一点。

要想弄清楚这一说法的意思，我们需要弄清楚，各科目题材的逻辑框架是什么。

约翰·杜威
John Dewey

学习的逻辑特征

学习是有学习对象的,这个道理虽看似明显,却在教育话语中常常被遗忘。常有人说,教育的目的是帮助年轻人学习如何学习。但我们肯定反过来要问:"学习如何学习什么?"学习骑自行车肯定不同于学习如何乐善,学乐善又不同于学习如何赏析浪漫诗,学好诗又不同于学习代数,学代数又不同于学习理解启蒙运动的主要理念。如果想描写如何学习骑自行车,我们不仅得明白学习骑车的心理过程,还得理解正确骑车的标准方法。要想描述学习代数的过程,不仅仅需要"努力理解"这样的字眼,还需要表明已经理解的语言:提出解决问题涉及的关键概念及其相互之间的逻辑联系。成功的学习应该以具体运用某项技能来定义;对社会与物理世界的理解需要掌握一系列概念,明白何种情景可正确运用这些概念。这就是"科目内容的逻辑"的意旨,即组织与研究经验的各种概念与原则。

我们可以举个物理学的例子。用物理学家的视角看待世界,将世界看作原子、粒子、电子和中子等,这是对常识的高度抽象,日常经验通常把世界描述为树、石头和河流等。物理的概念帮助科学家更有效地理解世界，预测事件，制造物品（如电视机）等。再者，这些概念构成了阐释的模式，这些阐释之间有着严密的数学逻辑。他们给出的解释呈现以十分抽象的公式。要想学好物理，则须逐渐掌握这些概念以及界定的话语形式。这种话语形式让你能够用特定的方式看待世界，辨识特定种类的物体（原子），帮助你用因果关系在解释、预判常识的世界。

物理是最抽象的例子。任何话语领域都有这样的例子。比如，如果没有掌握"上帝""膜拜""罪""救赎""祷告""圣礼"这些概念（及其相互关系），我们就无法从基督教的视角来描述世界。这些概念构成了独特的描写、理解经验的"逻辑结构"。

再者，这些抽象、理论化的概念框架——对现实的逻辑构建，是人类长年累月构建起来的，经受住了批判的考验，是人类的文明成果。这些概念"本身也是经验——是人类的经验，是人类一代又一代集体的努力、奋斗与成功的结晶。"（CC, p.129）。这些概念也构成了一个更客观的解释性思考模式，超越了每个个体的"当下"，追求一种普世的解释。这一成就源自一代又一代不同学科的研究者、哲学家、学者的努力，他们重新概念化了我们描写世界的方式，赋予我们更强大的解释力。重新概念化的目的是能够解释那些之前理论不能解释的事实；这些概念化需要经受科学共同体与其他共同体延续不断的批判，被分为不同的主题，由各行专家学者掌握，这些专家学者就扮演着这些知识形式的看护者角色。

为了方便传授，这些知识形式被包装成各个不同的科目，用课本教材将不同学科的关键概念、探索模式和验证方法教授给学生。但每个科目只是从人类世代传承的复杂遗产中选择了一部分，用利于未来成长的方式加以组织。

二者合一：教师与课程

教师的主要任务是在这两个世界之间架起沟通的桥梁。

首先，孩子私人狭窄的世界与客观、无限延展的时空世界相对；其次，单纯整体的儿童生活，与专业化程度高、分工明确的学校科目之间相对；第三，实践性强、情感丰富的儿童生活与抽象和讲求逻辑的分类与安排之间相对。（CC, pp.126—127，本书作者将最后两条颠倒了顺序）

不同的主题是人类发展过程中积累的知识结晶，不同于个人或个人群体当下掌握的相对知识。但是，儿童与课程是同一个过程的两端。就如同一条线的两端。因此，儿童当下的位置，与所要学习的事实和真理二者共同构成教学内容。但这是一个不断重构的过程，儿童的当下经验向学习——即有组织的真理——不断靠近。(CC, p.129)

教育过程创造并维持着二者之间的互动，便保证了儿童经验不断得到重构，而不是简单否定儿童早期稚嫩的经验。在互动与重构的过程中，人类的集体知识通过共同经验得到成长，经受住了时间的考验，帮助教师理解学生当下的兴趣与经验。教师明白了学生兴趣的重要性与未来的可能性，便能够引导学生，帮助进一步探索这些兴趣，开启心智，获得更多、更深刻的理解。学习者想要理解置身其中的物理世界与社会，但其实早就有人做过这些尝试，因此学习者可以从其他人已总结的经验中获益。"成人心智"中系统化的经验可帮助我们理解儿童的心智，告诉儿童如何能更好地完成他们想做的事情（获得更强大的理解力、更愉快的体验及更强的执行力）。成人心智中固化的知识既赋予解释力，又提供引导。

因此，学习者的兴趣到了具有一定的理解力之后，必不能被视为成就已完成，如同路到了尽头。应将其看作生活的一部分，看作持续不断的活动，不停开启新的认知、创造与表达的可能。教师作为他人言行（科学、艺术与人文界）的媒介，使得兴趣能够不断长进，企及理解与能力的新高度。

为了理解这一点，我们需要弄明白诸如"儿童表现出来的计算、测量、有节律地安排事物的天然冲动"（杜威在《儿童与课程》中举的例子，134页）如何能生成抽象的数学公式。数学或科学中抽象的理论或许看似离"儿童天然的冲动"太远，没有真正的关联。但从历史上看，是有关联的。因此，重新建立关联十分重要。首先，可以理解这些抽象的概念；其次，儿童冲动（或表现为各种兴趣）所蕴含的可能性，得以实现。

为了更好地理解这一点，可以参看杰罗姆·布鲁诺（Jerome Bruner）的作品。在《教育的过程》（*The Process of Education*）一书中，布鲁诺展示了物理学家、化学家和生物学家如何和教师们一道制订课程计划。科学家们能够判断各自学科的核心思想与概念，从物理学家、化学家或生物学家的视角去审视世界意味着什么。关键的组织原则与概念是什么？而教师是教学方面的专家，他们的责任是将这些抽象概念转化成表征模式，一方面不误导人，另一方面要让学生能够理解。课程本质上呈"螺旋"结构，不断复习同样的核心思想与概念，但表征级别越来越高。这里给的例子是孩子玩跷跷板。儿童先是理解杠杆的概念，不停改变重量平衡，成功地玩起了跷跷板。随后，儿童不用在跷跷板上，便能事先想象跷跷板的工作原理。此时，他掌握了"图示表征模式"。最后，儿童能够表达跷跷板背后的原理，逐步进入符号表征阶段，可以用数学的方法更加抽象地表达原理。因此，同样的概念得以不停地复习，只是方式不同，其中可以看出儿童思维与数学家的思维有何联系。用杜威的话说，"儿童与课程是同一个过程的两端。"

为了解释这一点，杜威打了一个地图的比方：

> 我们可以用探险者制作地图过程的比方，来理解逻辑和心理二者之间的差异。探险者来到一个新国度，探索新路，找到最佳的途径，然后做笔记，但这个笔记不同于彻底探索该国后所绘制的地图。(CC, p.136)

这个地图将不同的记录用适当抽象的方式（从具体个人对地形的描述抽象出来）呈现出来。地图将这些不同的记录串成一个整体，将一个探索者的经验与其他探索者的经验连在一处。如果目的不同，地图还可以用别的方式设计制作，比如，更强调公路而不是铁路，或显示各种植物，而不是各地之间的交通路线。但这个地图绝非个体经验的替代，因为特定兴趣与目的，二者之间必有联系。地图使得这个旅行者能够借鉴前人旅行中积累下来的智慧，如同一个向导，不让旅行者迷路。地图加快了旅途过程，因为标出了路径，让旅行者知道路上会看到什么。杜威说，我们所继承的知识体或知识形式应被视为完成的地形图，为学生的思考与探索提供向导，找到最佳路径。教师的职责便是在二者之间建立联系。因此，教师既要掌握地图，知识专家构建的学科，同时也要有能力了解年轻学生的兴趣和倾向，明白如何用地图为其提供解释与向导。

要做到这一点，必须要将学习内容加以"心理分析"，即重新概念化，为那些理解困难的学生提供一个适用地图，但同时并未曲解专家构建的抽象理论。学习内容的编写必须与学习者的兴趣相连，但同时尊重不同知识体系的逻辑结构。教科书（以及使用教科书的教师）常常做不到这一点。他们提供了理论的概要，却未能将理论转化为足够简单的地图，以便在青年学生积极思考与行动时为其提供解释与向导。

因此，理论，亦即学习的内容题材或积累下来的知识体系——对社会与物理世界的阐释，以及进一步学术研究的基础，有两个方面。每个科目都是自成体系的理论描述，是进一步探索与获取知识的基石，由科学家、数学家、历史学家等专家学者托管。每个科目，如果传授得当，又能帮助青年学生更好地理解其身居其中的世界。因此，教师的职责，并非成为科学家或历史学家，不是创造理论，也不是原封不动地教授理论，而是想办法将理论框架换一种形式，为年轻人在不同阶段的理解与行动提供引导。那教师则会问了，科目题材如何能成为学习者经验的重要部分呢？

杜威常用例子来说明问题，他在《学校与社会》中举了若干例子，皆源自他亲任校长的大学实验中学发生的真实经历。或许，如果本书也用例子来说明问题，会更有裨益。第一个例子来自杜威，第二个来自杰罗姆·布鲁诺的社会研究课程，第三个来自一个重要的科学课程开发项目。杜威若知道，肯定会支持该项目，第四个是人文科学。

杜威提及青年学生做针线活,这项活动对学生要求的高低取决于具体劳动层次。但若引导恰当,这项活动便能让学生从更宽广的社会与历史意义去加以理解("用这些职业可以概括人类发展的历史。"SS, p.92)。这项任务启发学生对技术的理解,明白这项技术如何将原材料转成布匹和衣服。

近年布鲁诺推出的"人的研究"(Man: a course of study)课程,这项课程立足于学生在语言、社交、成长、神话或故事创作、物品制作(使用工具)等方面的兴趣(虽然实践性较强),研究人到底是什么,人类如何发展至今天的样子,人类的未来会如何。引导我们探索人之所以为人的各种特征的正是人类学家、社会心理学家、社会语言学家、历史学家们。教师借助各自学科领域专家的成果来帮助年轻人提高学习效果。将学生带到新的高度,打开新的理解与探索之门(Bruner, 1966)。

近年来英格兰和威尔士对中等教育普通证书考试(GCSE)的科学课程进行了改革,改革的背景是有许多年轻人对科学教育不感兴趣,于是开发出一套"21世纪科学"课程,用杜威的话说,要在儿童与课程之间建立桥梁。目的是要保证每个人(不仅仅是未来科学家)都能够很好地掌握相关科学概念，帮助理解世界以及影响其个人与集体生活的各种事务。因此，年轻人会在自己感兴趣的人类生活方面，如保持健康、药物的使用或误用、避免生病、保护环境等领域积极探索，但同时遵循科学概念与原则的引导。"保持健康"需要理解什么食物富含能量，或可消疾去病，或提供生活以及参加各种活动的能量。但我们从科学中所学到的知识，如关于蛋白质、各种维他命、卡路里、新陈代谢等知识，都会促使学生在更高、更有趣的层面探索兴趣，而这一兴趣超越了实践，进入了相当理论化的化学、生物学领域。该套课程不仅迎合一般兴趣，与活动紧密结合，而且也适用那些对更深层理论框架感兴趣的学生。

另一个例子，杜威或许也会认可，即人文课程项目（Humanities Curriculum Project），由东英吉利大学的劳伦斯·斯滕豪斯（Lawrence Stenhouse）于1967年创立。在人文学科课程中，年轻人会关注各项事务（如两性关系、种族主义、暴力与权威的抗争、各种不公），但会从戏剧、文学、诗歌、历史、神学、科学、人类学等领域挖掘证据。学生的关注点与我们以文化形式继承下来的"公共知识与经验"在集体讨论中加以比对，在此过程中，学生相互批评，但这个形式是鼓励探索的。教师的艺术与技能便在于管理好这种探索。

约翰·杜威
John Dewey

纪律

课程开发中涉及学习者发展的部分即纪律约束。一提及"纪律"这个概念,人们便会想到年轻人被逼着做自己不喜欢的事情。我们经常听说,学校要讲求纪律,否则年轻人便会没规矩。纪律常被视为教师从外部施加给学生的,通过惩罚予以实施。尤其当学习者不情愿时,觉得课程内容没有意义或无趣,更是如此。如果学生对教学内容并无兴趣,那么则需要施加纪律,强迫学生对课程感兴趣。

接受纪律约束即意味着接受一系列规矩,规定开展学习的恰当方式。对于思考者而言,纪律便是严格遵循逻辑规则或某学科的相应规则。对于运动员而言,纪律便是谨守训练方法——运动量与摄取食物,保障在赛场上能表现突出。一个人如果有足够的兴趣想研究某事物,就会自我约束,遵循适当的程序去获取证据,寻求专家帮助,测试可能的解决方案,会坚持到底不言放弃,克服各种急躁的情绪与障碍,一路向前。因此,"纪律"指谨守规则,如此则很可能会最终抵达目标。学习者若对某事物有极大的兴趣就会给自己施加纪律,但在灰心时,需要强化纪律,给予鼓励。

关于追求兴趣与遵守纪律之间的联系，杜威在《民主与教育》一书第十章中有过充分讨论。学习者追求兴趣需有一定的自我约束，尤其是遇到困难时，但这种自我约束可以在他人的帮助下培养出来。训练可以使人更能约束自己——清晰地阐释目标以及抵达目标的手段，应对干扰，掌握坚定向前的资源和技巧。我们常说某人接受某学科（discipline，也指纪律）的训练，即一种探索方式的训练，此话不错。但是，杜威首先认为学科源于众人合作完成的共同活动，其宗旨是为社会做贡献。他认为传统家庭活动的价值不仅仅是学习，也是一种道德训练，以前的年轻人是有义务参加家庭活动的。集体活动需要合作，互相支持、互有义务，对团队忠诚，也需要遵守与其他人合作的纪律。除此之外，没有别的法门。每个人都要尽义务，否则，团队就会受损。这种道德力量创造了某种纪律。

因此，那些认为纪律就是从外部施加制裁、逼迫学习者服从、不管他们愿不愿意的说法，杜威是坚决批判的。学校教授的科目题材虽应启发学习者，却与学习者的活动与兴趣关联甚微，所谓教育一直如此。

基尔帕特里克与"项目教学法"

一位杜威的忠实拥趸认为自己找到了答案,即"项目教学法"。

威廉·赫德·基尔帕特里克是杜威在哥伦比亚大学师范学院的同事,继杜威之后于1918年任教育哲学教授,直到1938年。瑞安说:"基尔帕特里克长期以来一直是教育基础系的掌门人,他将教育哲学与社会学中的必修课程打下了清晰的杜威的烙印。"(1995, p.162)。他坚定支持杜威的思想,即理想的学校应该是一个由有目的的活动构建的体系。劳伦斯·克雷明(Lawrence Cremin)就师范学院这一话题著了一本书,书中对这一段有详细记载。基尔帕特里克将他所知的杜威的哲学思想付诸实践。"基尔帕特里克讨论小组"吸引了那些对杜威思想感兴趣的人,包括杜威自己。瑞安引用克雷明的话说:

> 他不顾一切坚守的三个基本主题都是典型的杜威思想:"学校的一切都应旨在帮助儿童适应其偏好的社会生活;上述宗旨的实现方法应该永远都包括目的性活动;其中课程设置应该强调目前有用的,而不是未

来有用的。"（1995, p. 162）

按照基尔帕特里克的说法，"项目"是上述目标的实现方法，可以将学习者的冲动与兴趣和帮助学习者追求兴趣的知识调和起来。换句话说，"项目"能够在儿童的心理天性与学习科目的逻辑结构之间架起沟通的桥梁。

既然在教育过程中，学生在智力层面上追随兴趣十分重要，那么教育的问题便是选择与年轻人的冲动与兴趣相符的活动，并且能够引导进一步探索兴趣以及获取更深的洞察力。不过，至少从表面上来看，在班级人数多、学生兴趣广的情况下，这种方法便面临着双重困难。（应该指出，在杜威于芝加哥创办的实验学校，师生比例很宽裕。）或许杜威（以及布鲁诺和斯滕豪斯）的教育理念本身就很难完全实现。但这不代表这些说法或理想站不住脚，实践只能在不同程度上接近理想。

因此，下列似乎可算作上述实际问题的解决方案。

首先，应选择一些具有一定普遍性的活动；应该"当下有用，而非未来才有用。"还应是"有目的的活动"。健康生活方面的活动便是明显的例子：选择食物、烹饪、锻炼。健康生活相关活动可有不同程度的精致化，便要有解释力更强的说法，要检验各种直觉，还要分享观点。教师因了解相关营养概念和知识，便可就开展何种有目的的活动给出建议，并适当加以引导。

第二，因为众人共同参与活动，互相合作，因此会进一步加深兴趣，也因而有了某种纪律约束。儿童通过这些活动为喜欢的社会生活做好准备。因此，学校应该多提供机会，让学生相互合作，交往互动，参与和他们生活息息相关的活动。

比较实用的方法便是找到合适的项目。基尔帕特里克认为，选择需要学习者相互合作的项目即可达到这一目的。如果儿童有目的地参与某项任务，便会积极磨炼技巧，寻求对事物深入的理解，从而获取永久的知识。做学校的功课便有了乐趣，对项目有了热情，对社会机构的总体态度也更积极。事实上，他认为，这种积极的、讲求合作的项目，会培养"更好的公民，对事物保持警觉，有思考和行动的能力，有批判意识，不会轻易被政客、专利药品蒙骗，能较快适应新的社会条件。"（Kilpatrick, 1918, p.334）

在介绍"项目式课程实验"时，基尔帕特里克说，学校的宗旨不是传授"传统的知识与技能"。学校的出发点应是"学生当下真实生活，学生的兴趣与欲望，无论好坏。"第

一步应是"引导这些学生去选择生活中最有趣、收获最大的部分作为其学校活动的内容。"接下来的目标是，

首先，帮助学生将他们所选择的活动做得更好，第二，随着选择经验的积累以及参与越来越多的有效活动，学生的视野得到了开阔，知道要如何进一步选择，并更好地实施这些选择。（Kilpatrick为Collings, 1923年一书所写的介绍）

基尔帕特里克以及他的追随者们（20世纪早期有很多）相信，如果儿童参与这些项目，投身这些源于共同兴趣的有目的的活动，他们的视野便会得到"开拓"：他们会获取领悟与知识（构建正式的知识体），帮助他们更好地追求这些兴趣、参与活动。他们会"富有批判精神，不会轻易为政客或专利药品所迷惑"。

基尔帕特里克虽推崇并追随杜威，但是，在说事论理上不及杜威敏锐细致。杜威分析学习者兴趣，视其为课程设置的起点与核心。杜威的分析有重要方面（也是让人惊讶的方面，考虑到批评者对他的批判）：第一，他认为"兴趣"是有进一步开发、探索潜力的偏好与冲动；第二，教师应根据利于提升兴趣的公共知识，对学生兴趣加以引导。不难看出，基尔帕特里克对杜威的原则阐释得过于实际，这

些阐释灌输给一代又一代接受培训的教师，便很容易导致有人会批判杜威的影响了。杜威不会同意基尔帕特里克"课程一直是现场制定的"（Collings, 1923年介绍部分）的说法，也不会同意下列观点［Smith et.al（1957, p.271）］"儿童的兴趣与目的决定教育内容。教什么、何时教、按什么顺序教。"对于杜威而言，公共知识的逻辑结构是他人按照学科规范探索、追求相关兴趣的成果，经由教师介绍，成为学生兴趣赖以成长的食物。我们所谓的科目，包含知识的逻辑结构，属于人类共同构建的产物，能够塑造学习者"目的性行为"。但基尔帕特里克忽视了这一引导作用，虽然他借由杜威之名，提出了项目教学法。

结论

如果我们要理解何为学习，就必须将学习的心理方面和逻辑方面加以区分，该表达源自大卫·哈姆林（David Hamlyn, 1967年发表的论文）。但这一区分却常遭忽视。对二者不加区分，便会出现两个对立、误导人的立场。

一方面，如果忽视逻辑方面，"是否学会了X或学会了Y"便没有了衡量标准。便会出现空洞的口号，诸如"教孩子如何学习"，似乎学习对数、学习骑车、学习数数、学习祷告，都是同样的心理过程。但学习X就应根据X的属性，需做出清楚的描述。在一些情况下，如果要给出清楚描述，还需要借助相关概念，没有这些概念便无法界定是否理解了某事。学习常常要努力理解，努力掌握这些概念——理解借助已知概念及其具体应用所下的定义。如果说已经理解了"猫"的概念，那么首先，要知道猫是一只动物，有四条腿，有胡须，半野生，和老虎同一家族；第二，要对猫有正确的各种体验认识。这些理解可能出错，需要纠正。或许，有模糊的理解。

另一方面，如果忽视学习的心理方面，则会过于强调逻辑方面。这会导致在课程教学——物理公式、历史事件的起因、环境变化的"解释"的过程中，不去理会理解的方式，也不管学习者的目的性行为。这样的学习就像口香糖或胶带，只是粘在身上，但不会对学习者看待物理世界与社会的方式产生重要的改造。

杜威不同于很多自称追随他的学者，比他们考虑问题要更细致周到。他看到了学习的心理方面和逻辑方面，他天才地发现了这两者应如何融合到一起。他在《探索理论》(theory of inquiry)中对此有所阐述，我们在第三章做了解释。一些人草率地批判杜威，但这无伤大雅。我怀疑这些人根本就没读过《儿童与课程》《学校与社会》《民主与教育》。但还有另一派批评者。一些哲学家不满意他的探索理论，批评他用"有根据的断言"替代"真理"的做法。

第六章　社群与个人：民主与伦理

经验的社会属性

经验的社会属性在杜威理念中占有核心地位。杜威的社会哲学"社群"的含义与意义以及对民主的忠诚——与他的人类经验与发展理念息息相关，也不能独立于他的知识与真理理论，或伦理理论。所有这些都互联互通，牵一发而动全身。但关键元素是社会交往，因为其塑造了经验，也是道德价值的基石。再者，社会交往，如果不加拘束，具有建设性，是构成民主的要素。这一点需要详细解释。

之前章节已经说明，发展与丰富经验对于杜威的教育哲学有多重要，因为人类有机体正是在体验世界的过程中成长的。人在成长过程中，在引导下去体验，才能理解居于其中的世界，才能在其中智慧地行事，否则便会迷惑不解。

但这个世界并非只由物质世界组成，还有其他个人，他们也会与物理世界互动，也会彼此互动。社会环境和物理环境一样,也是互动、适应、实验与改造的所在。其实,社会环境更甚,因为人们对物理环境的经验,要依赖通过社会活动建立的联系。

对于杜威而言,这样的联系构成了文化环境。意义嵌于对物理世界的经验之中,是人类共享的累积成果之和,是从他人那里继承而来,他人已用特定方式赋予了这些互动意义。比如,工具(如镰刀)不仅是一个物品,也有意义,即人们对其用处(即割草或收割)的理解;人们在田地里劳作,通过该社会活动习得该词的使用。事实上,杜威所说的物理与文化之间的相互联系即:

我们可如此评价人类行为,即物理环境与文化环境息息相通,我们与物理环境的互动,其中生发的问题,我们处理这些问题的方式,都因物理环境与文化环境的互融互通而受到影响。(LTI, p.42—46)

文化环境具化于我们使用的工具、我们属于的机构、我们继承而来的与他人打交道的方式以及我们周围的各种艺术形式等。个人因为属于社会组织(家庭、村落、崇拜团体),于是一系列意义内化,这些意义将人的物理经验改造成与他人意义共享的经验,连通彼此经验的方式,在社会集体的活动中有明确的目的。否则,人对世界的经验便仅限于物理的反应。(比如，被人打了眼睛便眨眼，被机器绊倒了，只会喊疼。)再者，对文化意义的内化并非一定是有意识的过程(或罕有如此)。

文化传承尤其承载于儿童习得的语言中，而语言是通过共同活动习得的(即一些噪声有意义，便不仅仅是噪声了)，语音植根于公共活动之中，这一点杜威在好几处都有说明(比如，在《民主与教育》第15页，杜威说幼儿是通过出门戴帽子的行为才习得"帽子"一词的意义)。因此，个体并非只和物质世界互动，也不只是与共同参与活动的他人互动，还和经验与进一步活动的"符号"互动。

我之所以用符号这个词，是因为其在实用主义哲学的意义理论中所表示的具体含义。不过，让人意外的是，杜威本人并不用这个术语。个人在成长过程中与构成语言的符号互动时，虽然符号源自共同活动，但个人会从自己的经验出发来加以理解。换句话说，我们无法确定某特定词的意义(如"帽子")，词的意义在与其相关的社会互动中不断被改造。词有若干个不断变化且互相关联的使用，对于不同的人而言也有不同的内涵，因为不同的人会将其与不同的社会经验相联系。

因此，我们的世界，尤其是我们对世界的社会理解，是变动不居的。我们永远也无法说我们终于掌握了需要理解的所有联系，或我们终于"完全明白"了某语言或文字的意义。社会层面的互动会不断改造环境，需要我们不断更新对新的社会世界的理解。所有一切都在变动中。在某种意义上，我们也可以说杜威和赫拉克利特一样认为，人无法两次踏入同一条河流。

社群的重要性

在《民主与教育》中，杜威将"教育"称之为一种"社会功能，为未成熟的个体在参加其所属群体生活的过程中提供导引，助其成长。"（DE, p.81）。社群由"群体生活"所构成（或多或少）。杜威并未给出定义，但暗示他所说的社群是什么意思，为何社群对他所说的教育如此重要。（DE, pp.4—5）。他因此说，人们虽可紧密地生活在一起（如社区），却并不一定会有真正意义上的交流或互动。有些互动形式，如购买服务，并没有共同的目标、价值观或信仰。因为一些社会或经济安排，公共和私营服务机构，或许可有效地服务于共同目标，但其间从事买卖服务的个人却并未构成一个"社群"。因此，要想形成社群，个人需要对不同活动的目标有共同的认知,社会群体成员之间需要有交流,积极回应彼此的思想与建议。

人们因共享一些事务生活于同一个社群。为了形成社群,人们必须要有共同的目标、信仰、追求和知识,一种共同理解,如社会学家口中说的志趣相投。(DE, p. 4)

因此,对于经济基础不同的社群,如农耕社群与城市社群,教育也不同。随着社会、经济和文化环境变迁,社群所共享的东西也会变化。教育应该及时调整以响应这些变迁,创造更大的集体意识,让群体更有能力去充分、自由地联合合作。

这样的交流与相互回应并不一定要达成共识,远非如此。社群的好处与优势在于不同事物之间得以交流,成员之间认真对待彼此差异、做出调整,社群因此得到成长。

在这个意义上讲,社群可存在于(或无)若干个层面:家庭、社区、学校、国家。可以在不同空间存在:教室或街道的物理空间,虽彼此相距遥远但互通信息的志趣相投。不用说,通过网站或电子邮件参与的"有机网络社群",在杜威眼中肯定也算是社群。

社群也可能存在于社区层面,但不是社区学校,反过来亦然。因此,在杜威看来,要在学校内部创造一个社群,成员之间彼此往来、共享目标与价值观,教师与学生可以共享经验,既支持又批判地与他人合作,尊重、学习他人的观念并从中受益,因而获得成长。对杜威而言,构成社群的不是意见的统一,而是互相之间的尊重,共同价值观,倾听并向他人学习的意愿。真诚的交流有一些必要条件,而交流是学习与个人成长的要素。

在简朴的社会里,"社会"与"社群"属同义。要生存,便要求人们有共同的目标,有独立生活所必需的能力。生活的经济基础要求人们有共同的目标与领悟。"教育"下一代便是传授技能以及服务于共同利益的价值观。

但现代社会无法简单地将技能与社会价值观传授给下一代了。纽约的社会便和别地不同(杜威的《民主与教育》就是在纽约写的):纽约社会依赖很多不同种类的经济活动,很多个人和群体于其中遭到异化或边缘化,人们的宗教与文化背景也繁杂不一。在这样一种有可能分崩离析的社会,每个人都追求自己的目标,不顾别人的利益,亚社群之间彼此分离,常常互相敌视。学校则需要扮演更加积极的角色,这个角色是双重的。第一,学校需要创造或提升校园围墙内的"集体感"。第二,学校这个社群需要培养学生将社群的观念延伸至社区及更远处。这里的社群仍然指共享价值观的群体，因而促进交流与互相学习，且人际关系平等，而非权力关系。

因此，对杜威而言，教育、交流、集体生活与个人成长之间有着紧密的逻辑联系。社群内部共享目标与理念，会促进个体更好地了解集体，促进进一步发展。社群便是群体内部成员之间相互交流的产物，而交流的结果又改变社群的特性。社群（以及社群内的个人成长）的对立面便是专制社会，其性质便是要压制沟通交流。专制社会不鼓励新思想，不允许挑战既有观念，忽视或敌视外部的人与社会。

因此，社群内部人群越多元（族裔、政治价值、宗教信仰），越能丰富交流的过程，促进个人成长，能接受更多思想，怀疑批判既定观念，更愿意通过经验的检验以及与他人的批判式交流，来丰富自己对事物的理解。学校就应该是最好的社群，但实际情况是，学校的等级与专制性质阻碍了学习者之间交流目标与经验。学校希望学生不加质疑地接受教师传授的知识，也没有机会将知识加以内化。

约翰·杜威
John Dewey

成长的民主条件

因为交流在学生的教育经验中占据核心地位,所以不难看出教育与民主之间的联系。真正的交流需要互动与互相尊重。从某种程度来说,每个人在交流过程中价值相等,因为每个人的意见都值得严肃对待。每个人都会提供不同的经验视角,帮助我们更好地理解某种情况。每个人都能通过分享经验、倾听他人的批评与经验,重新组织看待事物的方式,也因此对共同经验与理解有了不同的贡献。民主社会的基础(无论表达、强化民主性质的具体形式结构如何)是相互尊重,追求共同的目标以及基于"思想自由"的"行动自由"。

杜威将相互尊重作为民主集体的基础,这一理念的核心是他"寄予普通人的信念",并相信普通人能够创造人类集体并因此丰富自身。因此,他在小书《共同信仰》中认为,如果人们智慧自觉地投身于人类集体,也能达到宗教中所追求的团结精神目标。

但是,这里暗含着对民主的特定理解。在这种集体里,所有集体成员能最大程度地参与影响其生活的讨论及最后决策。我们渴望这种最大化参与不是因为这可能更有效,而是因为这是人类繁荣的条件。任何其他的民主观念都无法成为民主的基石,所有人都能有尊严地彼此分享、商议各自的经验与世界观,塑造自己的生活。

杜威将这一民主理念与亚里士多德的民主理念做了对比。亚氏的民主将社会中的人一分为二,一些人为经济基础工作,另一些人则可专心讨论伦理和政治问题。我们需要拓展这种精英式民主概念以囊括所有人,严肃对待所有人的不同经验(包括工人以及产业的条件状况)。同样拿来做对比的还有一种民主形式,如果人民代表不能合格履行职务,则每隔四年,人民有权力把他们赶下台。

这一理念的基石是:

> 相信人们在合适条件下有能力做出明智的判断和行为。这个信任深深地嵌在民主的方法中,如果一个民主党人否认这一信任,人们会认为他背叛了自己的宣言。[Dewey, 1939,《创造性民主:我们当前的任务》(*Creative democracy: the task before us*),引自 Westbrook, 1991, xv]

为此,学校应该鼓励年轻人把多元经验带入校园,因为在讲求等级的传统学校,常常忽视这一点。但需要教育的正是这些经验。教育与民主之间的联系正是:创造空间,让每个学习者的经验都得到尊重,并成为交流的对象。学校就像一个社群,应让学习者发出声音,让他们讲述自己的经验,与社群中的他人分享,从他人的批评与讲述中学习,为大家能够更好地理解学校以及学校外面的世界做出努力。

与此相对的情况便是,学习体系中,教师传授知识,学生学习,并不考虑学习者的经验,所学的知识在对学习者重要的方面丝毫未有任何改造功能。这一知识好像只是附着于学习者身上,很快就会掉落,不会留下什么痕迹。

因此,民主在杜威教育道德观(天国在人间的世俗实现)中占据核心地位,这比任何政治安排都要宏大深远。民主是个人之间深刻、积极的交流,欢迎并维持多元的经验与背景,人们会不断尝试打破阻碍交流的藩篱,如社会阶层隔阂、种族偏见或选择性教育等。此类隔阂会导致所有人经验贫乏,阻碍人们从彼此的经验获益。那些请私人教师的上层社会学生不懂贫困的人如何生活,而这常常是精英统治阶层做出错误决策的根源。我们很容易想到陶尼(Tawney)在他的书《平等》(*Equality*)中所说的:

第二部分
约翰·杜威教育思想评述

即便性格不同，能力不一，人性中共有一些品质，值得培养。如果集体在计划经济组织与社会机构时，能把这一点考虑周全，轻视财富、出身、社会地位的差异，建立符合公共需求的机构，作为公共启蒙与共同乐趣之源泉，则这一优势会发挥最大作用。（1938, pp.55—56）

陶尼称，要解决这一问题便要通过"拥有共同文化的社群，如果没有共同文化，就不成为社群了。"（ibid, p. 17）

杜威或许也会说这样的话。在民主的教育理念中，教育并非一种社会工程。教育的宗旨就是要拓展或启蒙学习者对生活的经验，除此无他。这种教育应在集体中开展，也需要考虑到集体的发展兴盛。前提是，所有的个人都同样重要，每个人的经验都是整体经验的一部分。互相平等尊敬十分重要。

当然，在另一个意义上来说，并非人人平等。教师便掌握更宽广的经验和知识（源自集体无数代的传承），也应该如此，这样会增加进一步获取有效经验的机会。但教师的这一优越地位目的是要服务于年轻的学习者，帮助其积累意识，理解经验，并在未来加以利用，过更有成效的生活。教师的职责是服务于学习者。教学内容应由学习者的目标（不是教师的目标）加以塑造，而学习者的目标即尽可能参与影响所有人生活的讨论与决策。

作为社群的学校

为什么是学校呢？答案是双重的。

第一，杜威认为教育是"社会功能，为未成熟的人在参加所属群体生活的过程中提供导引，助其成长。"（DE, p.81）如果完全放任不管，年幼的儿童无法组织现有经验，建立联想，以便预测或应对未来经验。可不能让小孩子经常烧到自己的手指。他们要学习很多之后，才能独立生活，比如使用工具。在一些相对简朴的社会，教育可以非正式的形式开展。个人先成为家庭这个集体的成员，长大后成为村集体的成员。人们从父母那里学习并内化了持家、种地的经验，学习的方式便是实践和模仿。

但是"获取引导并发展"已经变得十分复杂，非正式的教育不可。所积累的过去经验需要形式化，置于教材与物品当中，这样学习者便不用费事亲身体验一遍。创办学校便是为了这个目的,即将形式化的过去经验和未形式化的当下经验融为一体,旨在丰富现有经验,将以往经验作为未来行为之鉴。用杜威的话来说:

> 大概来说,之所以创建学校,是因为社会传统已经复杂到一定程度,相当一部分社会存储已成为文字形式,通过文字符号传播……当社群所需所求在社群内部得不到满足,且当下这一代人所知所识也不够用,则须依赖学校作为中介,以确保所有资源得到有效传授。因此,便创建学校这一种特殊的交流模式作为解决方案。(DE, p. 19)

杜威又谈及学习者与其他学习者之间互动以及学习者与前人之间的互动,这些皆因为学校这个社群才得以可能。杜威说:"目标明确的教育应该提供环境,让这种互动促进对重要意义的习得,而这些意义进而又促进进一步的学习。"(DE, p. 274)。但是,前人集体智慧价值如何,要看在多大程度上能阐释并改造现有经验,并帮助青年学习者应对过去未能预见的变化。与所有社会群体一样,社会要欢迎新理念,迎接变动不居的需求与可能,以不断自我更新。

当然，不同的学生对这种经验会有不同的阐释，因为他们来自不同的背景，有不同的理解。杜威严厉批判不加甄别的同质性，或将年轻人简单划分为几种类型的做法。柏拉图将学习者分为三种类型，这一划分遭到杜威猛烈地鞭挞。这三个类别是：

> 一些个人受欲望主导，这些人被分至劳动阶层或商人阶层，主要职责是满足人类需求。一些人受了教育，能够超越欲望，品性宽容、外向、勇敢。这些人成为城邦的公民，战时负责保卫城邦，和平时期维护内部安定。但他们缺乏理性，无法统揽大局，理解大事。有此能力的人可接受最高等的教育，成为城邦的立法者，因为法律掌控具体的事务。(DE, p. 90)

这种将儿童僵硬地划分为几种类型的做法，并不符合实情，因为儿童兴趣、动力、能力、成长阶段各不相同，也未能考虑到，每个个体都有独一无二的品性。这样的划分，并未意识到年轻人对教育的需求各不相同。但是，正如本书最后一章所说，这种三分法至今犹存，影响着教育政策，至少在英国如此。

学校是社群的代理，传授社群或更大社会与文化的成就。因此，并非由哪个好为人师者来决定什么对学生有益，而应是公民积极、明智地参与社会公共事务需要具备的知识素养。学校提供的资源应关乎社会发展历程以及那些改造社会的变迁（比如，人类从最早的家庭作坊一直发展到如今的全球社区）。学校作为社群需要做两件事情。第一，学校所教授的经验皆非当下在场的（教师在年轻人当下经验与承载于文化的前人经验之间建立联系，帮助其理解）。第二，学校必须培养年轻人预判可能会出现的各种情况，并学会积极适应。这种培养在非正式的日常小社群中无法实现。

学校存在的第二个原因与第一个相关，即学校作为社群，在理想状态下会体现更大社群的道德与品质，年轻人是这些大社群的潜在成员，未来会积极参与其中。"学校必须成为真正的社群生活。"（DE, p. 358）。学校社群本质上是一个道德社群，年轻人通过学校可以成长为一个道德的人，学习如何与其他人富有成效地互动，得益于不同的经验理解方式，学习如何为了公共利益与他人合作，建立公共经验，通过学习与玩耍与他人紧密联系，并不脱节于学校外的更大社群。

杜威所见证的一系列社会变迁，都使得学校教育的道德意义更显重要。因为不同种族、宗教、文化的移民，社会正在变得越来越异质化。以前盛行的那种社群已经慢慢不复存在。因此，学校应起到融合的作用，但不是制造一致性，摧毁多元性，而是帮助未来的公民理解彼此，互相学习，尊重不同的生活观念，尊重与自己意见不一的人，与那些有"期望结局"的人共同合作。这样的合作如果足够严肃，互相尊敬，则比容忍差异更有价值，会更好地帮助个人理解经验，提升与他人进一步开展对话与合作的能力。

因此，重要的并非在学校习得什么"传承的经验"，能确保民主生活条件的经验才是重要的，因为经验只有在这些条件中才能得到丰富。因此，杜威坚持认为"公共学校"对于促进民主而言十分重要。他说：

> 学校教学设施必须丰富、有效，能在实际上而非名义上抵消经济不公平的后果，让所有人群都公平获取设施资源，保障未来职业发展。要想实现这一目标，不仅需要在行政层面上供给足够的学校设施资源，需要充足的家庭资源来帮助年轻人有效利用这些设施资源，还需

要调整传统文化理念,传统学习科目以及传统教学训练方法,让所有年轻人不断接受教育,直到其有足够能力掌控自己的经济与社会经历。这一理想看似有些遥远,但民主教育的理想如果不能逐步主导我们的公共教育体系,则只能沦为可笑、悲剧式幻想。(DE, p. 98)

学校的控制力:教师的角色

因此,学校这个社群让年轻人从"人类的集体智慧"中获益,学生在其中拓展了经验,并逐渐适应越来越复杂的社会与经济环境。学校社群向学生展示了如何参与集体,于其中做出贡献,并帮助其适应外部的变化。年轻人习得良好品质以及与他人互动的技巧,因为学生之间可以充分自由地交往联系,尽管彼此有差异(或者会起到激发的作用)。

教师的职责便是要促进这一过程。为此,教师需要以下知识与技能。首先,必须十分了解儿童的兴趣或关注点,明白是否可朝着"期望结局"对其加以引导,因为"期望结局"本身便在于这些兴趣。第二,教师必须对文化传承(具化于各科目中)博闻强识,以便启发、丰富这些兴趣。第三，教师须能将二者在探索过程中加以连接，帮助学生找出问题，形成假设，建议可能的方案以及在经验中对其进行检验。第四，教师须协调社群中的年轻人进行合作探索，尊重不同兴趣的互动以及不同个人对同一话题的阐释。教师相当于在学习者中资格最老的同辈，在公共世界与学习者的个人世界之间扮演协调者的角色，前者具化于书籍与物品，即人类智慧，而处于个人世界的学习者也在努力理解当前经验，富有成效地适应其他经验。

杜威在批评赫巴特提倡的教学方法时，暗示了这一特殊关系。赫巴特的教学法（是一种"好为人师的观点"，即通过讲授来教学）并未足够重视学习者与环境以及教师之间的积极互动。学习者与环境之间的互动实际上是学习者当前内化的阐释系统在重新阐释学习内容。"其忽略了一个事实，即环境是个人共享的公共经验。"（DE, p. 71）。也忽略了教师在这种个人共享中所起到的独特作用：

> 传统的方法即准备好科目题材，检查学生是否能精确复制，与此相对的方法不是沉默顺从，而是参与活动进行分享。在共同参与的活动中，教师只是一个学习者，而学习者则是教师，虽然双方不一定意识到

这一点。参与者越没有意识到这是一个教与学的过程,则双方受益越大。(DE, p. 160)

其中教师必须要统筹组织学习过程,他(她)并非置身学校之外。外部人士(政客或公务员)没有具体的知识或相关经验,无法调整自我来适应年轻的学生及其经验。外部人士也无法参与对教学而言必不可少的经验共享与互动行为。换句话说,教师应被视为这个民主集体的一部分,扮演具体的角色,阐释儿童理解经验的方式,并做出响应。教师要做出响应则需对相关学习内容加以"心理分析"(杜威语,见第五章),甄别与学生现有经验与兴趣的关联,以便引导学生做进一步检验与探索。在这一过程中,教师应该被允许自由设计课程内容,恰当的学习经验、训练方法、课本等,即根据自己在儿童发展以及在"体现于所谓课程中的人类表达"方面的专业知识,对当时的学习需求自由地做出响应。实际上:

除非在公共学校系统中,每个教师对具有重要教育意义的事务都能有明确的判断,知道其判断会对学校系统产生影响,若不然,那大概就可以说,从内部视角来看，这个系统是不民主的。[引自《小学教师》（*The Elementary School Teacher*, 1903）中的一篇文章]

杜威严厉批判学校的非民主运营方式及其对待教师的专制：

> 学校规定教师要教授什么内容——至少理论上如此，而教师才是真正参与授课过程的。这其实就是对智力的故意遏制，对精神的囚禁。(ibid.)

这种专制做法与已经渗透公共生活其他领域的民主原则背道而驰。而学校要想实现民主（学生自由探索思想，教师自由做判断），单靠将权力从教材出版商或州议会转移给学校主管，是完全不够的。只是把权力转移给一个专制制度。民主是集体中成员思想自由的条件，这种思想自由既适用于学生，也适用于教师。

伦理与道德

或许读者会觉得奇怪，本章会讨论杜威道德价值所基于的理论，但伦理作为道德的哲学研究，无法独立于个人与社会的关系，也无法独立于杜威所谓道德与民主，或道德行为与民主行为的密切关系。

在杜威看来，道德即自由追求个人所想（追求自己的"期望结局"），但同时不妨碍别人追求自己的目标——要记住，每个人都是在具体的社会语境中积极追求自己的目标，在其中个人需与别人互动。因此，道德即缩小我们所需与他人所需以及我们与他人所需之间的距离。为此，道德行为需有两个条件。

第一，其乃是一种智慧行为，即将我们不同的欲望融合为一，确保我们的生活是彼此统一连贯的。比如，我们晚上既想去看电影，又想要完成第二天就要交的作业。两种欲望之间起了冲突，我们该优先考虑哪一个呢？一周忙碌下来，去看个电影放松一下似乎也没错。但我们却又答应了按时交作业。这个允诺我们如何处理？我们在做此考虑时，需要权衡二者的后果，尤其要考虑失信他人的社会后果，即便是就这件事情而言后果并不严重。道德考量是就事论事的，具体情景情况十分复杂，无法用一两个主要通用原则解释妥当。

第二，道德需要将个人欲望与他人欲望加以统一融合。虽然电影院是个更诱人的选择，但却与作业接受一方的利益相冲突。个人的目标与群体内其他个人的目标是有冲突的，需要加以解决。在当前社会的人类境况中，个人需要与社会之间不断相互协调，因此，民主社群的存在就显得十分重要，因为在民主社群中，这样的冲突可得到解决，个人亦可各自追求自己的"期望结局"，而同时自我调整，适应他人，并向他人学习。因此，杜威在《哲学的重建》一书中的《重建道德概念》（Reconstruction in moral conceptions）一章的结尾，便指出道德意义与民主的联系：

> 民主有多重意义，但如果有道德意义，则在于将所有机构与工业安排的最高检验标准确立为其对社会各个成员全面成长所做的贡献。(RP, p. 186)

个人的成长无法独立于个人与他人的互动，他人或会成为这个成长的阻碍，或会起到促进作用。如果在理解相通、规则一致的社群中，个体之间的互动会惠及所有人。民主即指关系与规则允许个人自由追求其"期望结局"，只要不违背他人的"期望结局"。当然，个体与他人的追求不应相互冲突，成长得到促进，并从他人的理想与目标中获益。

要想理解此处赋予"道德"一词的含义,我们需要明白杜威在反对什么。杜威在1920年出版的《哲学的重建》一书中,批判了传统哲学对道德一词的界定。伦理学(对于道德亦即什么是善和义务的研究)一直痴迷于寻找所有人类活动的终极目标——即所有人应该追求的(神圣,绝大多数人的幸福,具体的美德,对神圣法则的遵守,普世的原则,对国家的忠诚等)。其假设了目的的单一性,即一个适用于所有人的"终极的善"。但对于什么构成终极之善,永远不可避免地有争议,也看不到最终能解决这些分歧的迹象。道德因此就变成对规约的臣服,即学习者将这些外在的规约内化,并在合适的场景中加以运用。

但这在杜威眼中,只是一个二元对立的例子,与他提倡的不断成长的有机体这一理念背道而驰。杜威倡导的"善"或者"期望结局"在某种意义上是内在于活跃的有机体的,有机体追求成长,并通过不断成长实现自我。事实上,杜威经常宣称"成长是唯一的道德'目标'"。(RP, p. 177)。

要想进一步理解这一点,我们应了解,杜威希望将科学与其他领域获得成功的实验方法运用于道德考量。实验方法尊重个案，在科学领域运用得十分成功。人们运用实验方法看清行动中遭遇的问题。人们要审视问题涉及的所有情况，思考解决方案，尽可能将问题精确地形式化。然后用实践经验来检测可能的方案。

实验方法使得人们能够弄清楚问题，审视所有情况，了解何种情况可能，何种情况不可能，思考可能的方案，进行检验，并观察结果。如果问题得到解决，则该方案便达到了个人的善，这也是唯一需要获取的善。

但哲学对道德考量的典型界定却并非采用这种灵活处理、按个体情况调整适应的方法。哲学将总体原则运用于具体情况，而具体情况却是千差万别。哲学不会从具体经验出发来检验总体原则（即是否能解决问题，帮助个体在集体中从事实践活动？）。人们忽视了道德一词的具体情景意义，即取得如意的效果。传统伦理学视道德原则的作用为塑造实践，而非促进实践。正如理论（采用实验方法之前）的角色是塑造我们对物理世界与社会的理解，而不顾实践经验总有例外，各不相同。这种哲学界定没有看到，道德思考其实是实践思考，源自具体"怎么办"的困惑。"怎么办"即我们应该追求的目标与善，数量繁多，也因人而异。

但实际问题（怎么办）的解决，无法在社会真空中实现。如果尝试性方案造成了更多问题，比如，导致邻里之间发生了矛盾，那么问题还是没得到解决。因此，"解决方案"会促发进一步实验，并更多考虑他人的视角。如此看来，如果一个人要追求自己的善——"遵循实用原则"，审视自身行为的后果，清楚该行为的意义——则必须也要同时追求他人的善，即整个集体的善，因为个人是集体固有的一部分。追求自己的善（个人在其所属集体范围内解决自己的问题）便意味着不断的成长，而这种成长便是主要的道德目标，也是教育的宗旨。

很多人不能接受这一立场，有以下几个原因。

首先，证明道德义务有外在的基础，无论有多困难（杜威利用了这些困难，声称寻找统辖一切的道德原则是个错误），但与之相对的个人相对主义同样不能让人接受。我们确实进行道德考量，努力弄清楚该怎么办，但如果对什么是可行的这一点没有限制，那么上述考量和努力就没有意义，而且这些限制并非随意的选择。并非所有行为都是可接受的，即使群体内部其他人能够接受这一行为。再者，即便是不同集体内的"道德权威"也要接受道德质询，质询的背后预设了原则或者对错的标准，质询者自己也要遵守。

第二，杜威的总立场会遇到让人尴尬的反例。杜威尝试解决，但在批评者看来，并不成功。既然没有外部标准来决定什么是不道德的，那么行为的道德性质便内在于人类有机体成长本身的形式原则——这是（用曾经影响过杜威的理性主义者的话来说）人类有机体实现真实自我的限度。而"真实自我"实质上是进一步成长的能力，即更有效适应社会与物理环境，预判并克服进一步成长过程中遇到的障碍。但这一价值理论似乎并不能将那些我们认为极不道德的成长排除在外。比如，一个小偷接触了一些经验，或会被引领到一个有趣的罪犯生活，经历各种丰富的经验，得到大幅成长。比如：能够在社会学、心理学意义上理解别人的动机和生活方式，学到高明盗贼的技能，掌握建立小偷队伍所需的领导才能，拥有企业家精神与进取心，能够欣赏偷来的或用犯罪获利买来的艺术品等。但我们会说，这种成长的方向是错误的，而用来判断这一错误的标准与成长的形式特征本身无关。

杜威对此的回答乍看起来很不能让人满意。他说，朝着这一方向的成长会阻碍"总体的成长，因为这会让个人失去继续朝着新的方向成长的机会。"（EE, p. 36）。但杜威所言确实有一定的道理。进行偷盗或抢劫，肯定会阻碍别人对合法愿望的追求。这样一个"小偷团伙"会有损整个集体的团结与丰富，而只有所有成员怀着同样的理解、遵守同样的规则，才能"让所有的成员得到全面的成长"。至少有一些人会受到阻碍，无法获得本该享有的成长。

让人惊讶的是，社会环境或社群中，自我实现或成长所固有的"美德"或性情，杜威也如此认为，与我们平常认为"合乎道德的"是相似的：毅力坚定，愿意接受不同的见解，谦于自身成就，敏于观察他人的需要与动机，忠于民主价值并维护民主的社群，勇于坚守信仰，愿意接受更好的意见等。

在个体相互支持、重视参与的民主社群中，社会互动才能最有效地保障美德的成长。因为有共同的理解与总体目标，个体认同集体所推崇的美德，但同时也意识到集体内部的矛盾与缺陷，因而会推动集体靠近那些尚未达成的理想。社会或社群在一定程度上是民主的，但还不够民主，只有一些机构实现了普遍参与，并非全部（如学校）。在这样的民主社群中，自我利益、集体礼仪与道德之间没有矛盾。道德与智慧行动之间的区分消失了，道德即被视为"对社会生活的智慧管理"。人们接受社群的标准，同时不断推动社群，达到社群应有的理想标准，帮助每个人自由追求幸福，最终全体成员都能求得幸福。要在集体中健康生活，则需尽职责义务。这种集体的理念会逐渐推广。宗教所崇尚的大一统解释，也可以通过"智慧、自觉地致力于人类集体"而实现。

因教育的目标是通过引导合适的经验以促进生长，作为教育机构的学校必须创造条件促进生长，一个重要的条件便是民主的社群，因为民主的社群尊重并帮助个人去追求个体的利益，同时又不损害其他人的利益。

第三部分 哲学基础

"真理"不在于其与现实的对应,也不在于理念的连贯互通,而是在于其能引导未来行为。

第七章　实用主义：意义、真理与价值

哲学影响

我在第一章提到杜威的哲学及教育思想有三个重要的思想源泉。第一，当时流行的人类发展进化论思想，源自达尔文的《物种的起源》及其激发的辩论；第二，新黑格尔唯心主义，尤其受牛津哲学家T.H.格林的影响；第三，当时盛行的实用主义，主要代表人物为查尔斯·桑德斯·皮尔斯（杜威在约翰·霍普金斯大学的同事，不过杜威和皮尔斯的关系时有龃龉，二人在作品中也很少提及彼此）。

接下来，我会逐个解释，然后再将其融为一体，形成杜威的独特哲学立场。

进化理论

人类物种进化论认为,人类从原始生命进化到有自我意识的生命是一个连续的过程。物种能力逐渐成熟,演变为具有更高适应能力的新物种,包括感官能力以及反应能力的提升。无论是哪个层面的物种,其适应功能,或能力的进化过程,都只能从目的论视角,即努力朝向符合各自本性的目标迈进,加以理解。

从上述观点可以推导出两点。

第一,物种在进化过程中不同阶段之间没有突然的断层。我们既然不认为植物或动物有独立存在的心灵或灵魂,神秘地引领或影响其物质躯干,我们自然也不会认为人类有机体有心灵或灵魂。人们(人类有机体)不是两种物质(心灵与身体)融合在一起,而只是一种物质。"这一哲学观点已经受到生物学发展的验证。生物学显示了人与自然是一体的,并非从外部进入自然的异物。"(DE, p. 285)。杜威在此借鉴了达尔文的学说。杜威认为,进化论对我们如何概念化心灵与身体之间的关系,即解决持有不同心物二元论的理性主义者与经验主义者之间的矛盾,产生了深远的影响。他在文章《达尔文主义对哲学的影响》(*The influence of Darwinism on philosophy*）的结尾处如此说：

> 人类常常因为彻底抛弃旧问题及其假设的选项，才会取得思想进展。毫无疑问，现代思想界之所以能解决旧有问题，采用新方法、提出新目的、找出新问题，都是拜进化论这场科学革命所赐。（Capps and Capps, 2005, p.188）

在杜威看来，笛卡儿式的二元论是彻底错误的。不该把"心灵"视为一个独立存在。我们把心灵当作一个名词，而非形容词，这似乎是一个误区。我们应该认为，人类有机体拥有一些可称为"心灵"的高级能力：想象，反思与记忆的能力。教育实践中有很多不切实际的想法都肇始于二元论。比如，将"思考"与"做"分开，将理论区别并凌驾于实践之上。

杜威上述观点和卡尔·波普尔（Karl Popper）在《走向进化知识理论》（*Towards an evolutionary theory of knowledge*）中的观点有显著的相似之处：

> 我的出发点是一个很简单的主张，甚至是微不足

道的,即动物也能认识事物:它们也可以获取知识。比如,狗会知道主人工作日会在下午六点回家,狗的行为会表现出很多迹象,狗的朋友们一看便知,它知道主人在这个时间会下班回家。我应该说明,即便这一点微不足道,但狗也能认识事物这一点彻底革新了当今广泛教授的知识理论。(Popper, 1999, p.58)

之所以说这一主张"革新了知识理论",是因为原先从观察者视角理解知识(人脑反思、反映外在于"心灵"的独立世界),而这一主张认为,知识即有机体适应新情况的能力越来越高,不断修正不符合经验的预期(假设)以解决问题。在这个意义上来讲,狗和人类的区别只是程度上的,不是本质上的。如果把"认知"看作借助先前经验适应环境的方式,而狗显然也在适应,因此也可以说在认识事物,那么动物和人类之间有根本区别,这一说法就不太能站得住脚。

我们看看知识的标准定义,就知道上面的观点多么具有革命性。该定义是由A. J. 艾尔(A. J. Ayer)在《知识问题》(*The Problem of Knowledge*)中提出的,但该观点在其他诸多哲学著作中也有附和。

我的结论是，认知事物的充分必要条件是：第一，认知主体所认知的内容为真；第二，认知主体确信其为真；第三，认知主体有权确信其为真。(Ayer, 1947, p.35)。

因此，"知识"应定义如下。X认知"p"，其中，(1)"p"为真；(2) X强烈相信"p"；(3) X有足够的理由相信"p"为真。就(1)而言，有一个独立于我的信念存在的世界，或符合或不符合我的信念。就(2)而言，人有一种确信的信念或精神状态。就(3)而言，"知识"不同于"意见"，其应受到证实，至少应有坚实的证据，且在逻辑上与该知识主张相关。这一说法（并不必然如此）常预设了知识有其得以构建其上的坚实基础（基于确凿的知识，或基于任何知识主张必然预设的基础，以确保随后构建的知识是安全牢靠的）。

波普尔的观点之所以具有革命性，是因为其不再认为知识是心灵活动，反映于头脑中的各种主张，再现了独立于头脑的世界，并检验该再现是否准确。心灵活动论强调的是认知理论的一面：描写物理世界与社会，解释事物发生的方式。波普尔理论对认知的传统理解有了很大的偏离，认为认知即活跃的有机体在解决问题，适应新情况，内化解决方案，预判或新、或类似的问题。有趣的是，收录波普尔文章的文集名为《生命就是解决问题》(*Life Is All*

Problem Solving)。

其核心观点在他同样收录于该文集的另一篇文章也有论及，文章名为《谈进化认识论》(*On evolutionary epistemology*)。

> 我们学习的唯一方式即不断试错。我们的尝试、我们的假设，源自我们自身，而不是外部世界。我们从外部世界学到的只是：我们的一些尝试是错误的。从最原始的生命形式、最早的细胞开始，生物体就学会了适应。(Popper, 1999, p.46)

因此，不同物种，包括人类，连续进化的第二个结果是，任何有机体都只能从目的论视角被理解，生物体都是在朝着内在于其自身的目标不断努力。用更学术的语言来说，必须从最终和最有效的因素出发来理解每个有机体。处于主流的经验主义传统十分憎恶这一观点。就好像植物的种子天生就是要长成红花菜豆或土豆，人类有机体也是生来就要在不同的经验之间建立联系，构建一个内在的经验架构，赋予未来经验以"意义"。人类有机体生来就要构建经验，而非仅仅接受经验。因此，杜威虽然不把心灵视为独立存在，但他也并不把身体视为仅仅可以通过物理因素来理解的物理世界的一部分。因此，他不赞成J. B.华生的"行为主义"，因为行为主义忽视了人类行为在心灵上的特征。

波普尔"革新了知识理论"，杜威将知识仅仅视为"有根据的断言"，二者虽然有相似之处，但波普尔从未提及过后者。

唯心主义

有趣的是，上义提及从目的论视角理解有机体，尤其是人类有机体，对此，杜威是从黑格尔的唯心主义视角出发加以阐释的。杜威在约翰·霍普金斯大学读书期间，受其导师查尔斯·莫里斯的影响，开始接触黑格尔唯心主义，后又跟随导师前往密歇根大学。但不能说杜威是彻头彻尾的黑格尔主义者，尤其是后来，他自创了独成体系实用主义哲学。但黑格尔主义对杜威的哲学与教育观确实产生了重大的影响。我们在第一章便可看到，杜威称，黑格尔哲学"要求融合统一，这无疑是一种强烈的渴望，也只有知识化的题材内容才能满足这种渴望"（Westbrook, 1991, p.14）。在本节接下来的部分，我将简单提及黑格尔哲学观的特点。杜威哲学观以多种形式吸纳了黑格尔的哲学观，除了"绝对唯心主义"。

"绝对唯心主义"有以下特征。

首先，我们所感知的东西并不独立于我们的感知。现实本质上是一种心理构建，是心灵的产品。我们无法认识"事物本身"。因此，我们不应区分"认知者"和"被认知对象"，因为被认知的对象是认知者思维的一部分。实际上，也非如此不可，因为如果我们宣称认知对象不是认知思维的一部分，其实是在宣布一个独立于我们观察的现实，事实是，走出心理构建去抵达一个非由心理构建出来的现实，这在逻辑上说不通。再者，"心理构建现实"具备完整统一性。整体理解不能分解为相互独立的意识片段。一个人的世界观有其连贯性，也有合理的结构。"存在即合理，合理即存在。"理性的功能便是在真实存在中获取更多理性的认知。人类有机体便是在不断克服困难，不断通过实验系统地实践这一过程，尤其是在科学研究领域。

第二，个人心智只是普遍与理性心智（绝对精神）的表现。我们并非独立、自治的实体，而是共属宏大人类意识的一部分。绝对精神是世界所固有的，正如我们无法将认知者与认知对象分辨开来，个人心智与普遍心智或意识，或理性，也无法分开，因为每个个人都或多或少参与其中。

第三，普遍心智也朝着自我意识演化，去认识万物中的理性。心智通过一个所谓辩证的过程在历史中演化。从一个已达到稳定信念或和谐立场（命题）朝向一个与其相矛盾或生出不和谐立场（反命题）的运动过程。由这个过程会延伸出一个新的立场或新的思想和谐（更高的综合）。用杜威的话来说，该稳定信念受到新的、与之矛盾的经验所扰乱，需要对经验进行心理重组（合理化），既符合原有经验，又能解释新的经验。这是一个连续的过程，因为新的综合成为命题，再受到新的反命题挑战，如此周而复始。通过不断解决问题获得的发展便是成长，经验组织不断变得更综合、更有解释力。这使得人们对经验有了越来越自觉而理性或连贯的理解。这种发展是人类有机体生命的本质特性，因为在生命过程中，人们总是会遭遇困难，和谐遭到破坏，这是生活中不可避免的。

第四，个人心智是普遍心智进化到更高自我意识的体现，这些显现具化于人类群体的共同理解中——即个人所参与，并保留下来成为社会与社会机构基层价值与实践的文化。牛津大学的唯心主义哲学家F.H.布拉德利提及"具体的普遍"(concrete universals),即普遍思想在具体中的体现。因此,每个社会都会意识到其内部矛盾,在欲望与理解各不相同的个人心智之间寻求和谐,自我意识也会随之不断成长。这样的社会需要提供一个框架,促进理性思维,以便解决矛盾,寻求新的综合。但此中衍生出来一个重要分支,即塑造我们思维的思想,随着对经验理解的变化,也在不断演化。(因此,会挑战哲学中的分析学派传统,该传统会着重探讨教育的概念等。)

第五,我们不应从否定的意义上来看待自由,追求欲望的行为未遭到阻止,而是用积极的视角加以看待,即行为符合事物的理性秩序,而我们对事物理性秩序的理解也日渐加深。自由的反面是被无知束缚,因而无法控制自己的生活,受制于自身无法理解的力量。

理性主义传统的这五个特征:第一,对现实的心理构建;第二,该构建的社会属性;第三,随着包含个人的社会意识不断应对、解决内部矛盾,理解模式的属性也在演化;第四,成长需要社群;最后,积极意义上的自由概念,这些都对杜威产生了深远的影响。我们在下一节会做解释。

但这里还需要对唯心主义及其对杜威的影响再做一点交代。这并不像哲学立场那般容易解释，因此也难以很快就能理解，尤其是唯心主义，至少在英国，受到波特兰·罗素及G.E.摩尔（G.E.Moore）等哲学家（Russell, 1910；Moore, 1903）的猛烈攻击。这些哲学家攻击如下唯心主义观点（尤其体现于布拉德利与格林这两位影响过杜威的牛津大学哲学家的著作中）：即命题的真理性无法用这些命题是否与现实相符加以解释，其独立于我们对其的认知之上。

从很多方面来说，"真理相符说"似乎是理解"真理"的最合乎常识的方式。"猫坐在席子上"为真的条件是，有一个物体（我们称之为"猫"），用某种姿势（我们称之为"坐"），处于某物体（我们称之为"席子"）上，是否为真与我是否做出该陈述无关。我们再用我们或称之为逻辑连接词的"与""如果""否"等将这些陈述连接起来。从形式上而言，逻辑是关于命题之间形式关系的科学或研究。因此，有两种真命题，一类为真，是因为符合逻辑规则，还有一类为真，因为其反映了事实或与事实相符。语言最终可归结于数量庞大的基本陈述，与现实的基本事实相符，由纯粹的逻辑规则相连接。

但"经验主义的两个信条"(第一，经验陈述与分析或纯粹的逻辑陈述之间有明确的分野；第二，将所有经验陈述简化为反映直接经验的基本陈述，见Quine, 1961, 第二章)遭到唯心主义排斥，原因如下：我们所说、所思的意义存在于一个思想或语言的体系当中。我们无法将个人陈述独立开来，宣布其为真理，而不管在整体系统里的意义。再者，系统在不断演化，必须能解释新的经验。即便"猫坐在席子上"这句陈述，也取决于"猫"一词的意义，而这个意义随着时间变化，取决于哺乳动物不断变化的分类系统。该陈述的真理性部分取决于与整个语言体系中其他陈述是否具有连贯性，而该体系一直处于不断的变化中。因此，没有任何基本陈述能与立即经验的现实相符合。而只有一个不断演化的陈述系统，作为始终连贯、易懂的阐释框架，以阐释新的经验。我们无法超越这个框架，抵达"客观世界"，该框架的客观意义在于其独立于我们的观察，也可用以证实或证伪我们自己的阐释。

该唯心主义立场的极端版本便是"真理连贯说"，不同于"真理相符说"。但该立场有一些困难，系统连贯性变化的诱因并非内在于该体系。该系统无法解释新的经验，且受到外在于系统的因素的影响，却不能受其控制。真理不一定指连贯性，但连贯性却是真理的一个标准。我们需要不断重构框架，帮助我们用新的经验来看待世界。

但是，我们在不断重构框架时，需要了解系统的内在连贯性，需要知道思想是如何相互渗透的——道德与宗教、宗教与审美、科学与审美、哲学与科学。我们的思想在不断成长，这种成长源自各种无法预测的发展。这些思想不能、也不应碎片化为各种扞格不通的系统，因为它们是相互联系、相互影响的。我们生活在思想的世界里，如果思想之间相互不连贯，思想便会发生变化，旨在解决该矛盾，最终达到更全面的综合。

还可以将其看作所谓内在—外在关系的问题。我们拿"史密斯在酒吧遇到了朋友"为例。首先，史密斯是谁？应该先简短介绍一下。但这个介绍就够了吗？如果要介绍翔实，则需要讲清楚史密斯与其他人或事物之间的所有关系。但要想说清楚每一个人和每一件事，得先了解其人其事本身及所有与其相关的人和事，这个参考体系一直延及全宇宙。换句话说，碎片化的阐释并不能给出真理的全部面貌。要讲清楚真理的全貌则需要讲清楚整个宇宙及其各部分之间的相互关系。任何有限陈述都只是真理的一个碎片，因此只是部分真理。随着新经验不断产生或其所属的命题体系发生变化，部分真理会不断受到纠正。

很多人会觉得这一说法荒谬。罗素在大肆抨击内部关系与外部关系融合说时列举了一些哲学意义上的依据。内在关系与外在关系分别指事物或人必不可少的内在特征与其偶然的特征。对于我的身份而言，重要的事实包括我何时出生，我父母是谁，我内心有何信念。非重要的事实包括一些偶然的因素，如我今天早饭吃了什么，或我在车站买了一份什么报纸。从某些方面而言，第一个"经验主义信条"便毫不含糊地预设了内部关系与外部关系二者有别，即纯粹逻辑陈述。罗素与怀特海德的《数学原理》(*Principia Mathematica*)的观点认为，纯粹逻辑陈述是数学知识的基础。与经验陈述二者有别，后者的真伪取决于其与事实是否相符。但杜威对纯粹意义上的逻辑并不感兴趣，即便是杜威在约翰·霍普金斯大学跟他并不是很合得来的同事，号称"实用主义之父"的 C. S. 皮尔斯，本质上也是一个逻辑主义者。杜威在1938年发表的《逻辑：探索的理论》中，用更具描述意义的视角来看待逻辑，视其为对我们思考的描述。他认为，将陈述的形式与内容与使用或效果区分开来，毫无意义。

那些认为上述立场荒谬的人士也应该思考一下，那些有争议的情景，其论点与检验是如何进行的。人们觉得自己理解了这些有争议的情景，但有人却认为，他们并不一定真正理解了新的事实，而理解的只是经过他们重新阐释的事实。如果用一套新的思想，那么就会有不同的理解。另外，重新阐释所借助的或许是正在兴起、已有一定影响力的思想理论。"真理"的确立既依赖于"事实"的发现，也取决于人们是否接受了一套连贯的思想体系。比如，教育标准到底是提高了还是降低了，并非一个简单的事实，可以用测试结果就能证实。这取决于"教育"的意义，在逻辑上直接取决于一系列概念（如学习、教学、教导、调节），这些概念隶属于关于良好生活的一套宏大的思想体系。

因此，虽然黑格尔绝对唯心主义较难让人接受（或理解），但其中很多思想都被视为经验主义的重要矫正剂，这些思想也被杜威加以吸收。人们一边满足自身需求，解决问题，一边积极尝试理解经验。人们理解经验的方式是将其与理念世界加以联系，这些理念体现于语言、制度、社会传统与实践以及我们继承下来的知识体系。但这个理念世界本身也处于变动不居之中，因为新的经验随时挑战旧有观念，我们也在不断克服思想中的矛盾。随着我们共同努力去面对、克服问题，我们对经验的理解也越来越连贯、全面，这恰恰促进了社会理解与个人发展。个人发展不能独立于更广泛的社会认知，这是杜威理解民主、为其辩护的基础。

如果我们要把杜威与其他儿童中心论教育哲学家区分开来，就需要着重强调成长的社会属性。人们却经常把杜威与后者混为一谈，损伤了其名声。唯心主义认为，发展有时在于个人的自我实现。个人不断自我肯定的过程即个人不断认同整体的过程。对于黑格尔来说，心灵与物质都是一种精神的体现，这种精神最终成长为自我意识。极具影响力的教师及教育哲学家福禄贝尔曾经启发了基础教育的很多改革，他认可黑格尔的论点，即我们所知的世界充斥着一种精神统一，这种精神统一正在成长为自我意识，且这种统一（而非表面上的多元）正是心智认知的对象。再者，"教育即引领思考的、智慧的人成长，拥有自我意识，成为神圣合一，这一内在法则纯粹、纯洁、有意识及自由的再现，并教会其达到该目的的方法与手段。"（Froebel, 1886, p.2）。福禄贝尔的唯心主义观强调事物之间（以及我们对事物的概念之间）有本质的联系，且知识发展具有连续性。对于碎片化课程以及诸多学习方式的批评，依照的理论，人们是通过学习事物之间的联系得以成长的。但福禄贝尔所说的关于成长的园艺隐喻，可能会引发人们对教育的误解，被人用来为很多糟糕的教育实践（儿童中心论）背书，会引得更多传统批评人士反对。这个园艺模式强调儿童就像植物，只要有合适的成长环境，都有"完满"发展、实现本性的潜力。金史密斯学院课程实验室在很多年前（1968）追随福禄贝尔的脚步，也提出相关说法，称教师的工作即浇水、移植、修剪或随其生长。本书提及的威廉·丁道尔学校也有类似的理念。

但是，杜威虽认为教育是成长的过程，但他和福禄贝尔不同，他强调这一过程的社会本质。杜威确实承认自己受到黑格尔唯心主义哲学观的启发（Adams and Montague, 1930）。为达到统一，应该超越内容题材的"分野与区分"，这些都是不断变化的文化遗产的一部分。应该从哲学意义上理解"黑格尔对主体与客体、物质与精神、神圣与凡人的综合"以及他所说的"消解坚硬牢固的分化之墙"（指任何形式的二元论）。而成长是指"经验的连续体"，内部经验的相互联系以及赋予经验意义的社会与文化遗产对经验的改造，促发人们发生联想，保留在我们继承下来的知识体系中。个人与整体的联系在于个人在"经验的连续体"中寻求整体性，而这样的整体性存在于社会生成的意义世界里。

实用主义

在第三章及随后章节中，我们提到，杜威在主宰我们思维的各种二元论中发现了哲学困境，尤其是身心二元论。因此，"真理"这一概念以及如何验证我们原先认定的真实陈述，便陷入了困窘。经验主义流派的哲学家似乎坚守一些基础陈述，这些陈述大抵反映了独立于我们观察的世界的基本事实。另一方面，理性主义立场也有一些困境。理性主义拒绝承认有独立于我们思维的不可知现实的存在，因而认为"真理"（对我们信念的证实）存在于我们思维的内在连贯性。我们或许可以说，实用主义是处于这两种立场的中间派。一方面，我们不能忽视始终影响我们思维的经验，这些经验不是我们创造出来的。另一方面，这些经验并非朴素经验，而是经过经验者的思维系统阐释的，我们无法通过直接通向独立于我们思考之外的世界。再者，"思考者"也并非消极地等待新经验，而是积极地主动寻求目标或"期望结局"，并且不断适应、阐释新经验。因此，实用主义是统合这一切的哲学立场（粗略而言），即人是有机体，其生命过程即有机体根据其对环境的观察以及环境对其适应能力的影响，积极适应环境的过程。

实用主义哲学与C. S. 皮尔斯息息相关。皮尔斯在约翰·霍普金斯大学讲授哲学时，杜威跟着他做研究生。要理解皮尔斯的哲学立场，最好要懂得四个互相关联的概念，即"信念""真理""探索""意义"。

皮尔斯强调的是"信念"。信念是心智的自然状态，哲学应该先研究信念的本质。信念这个状态会遭到怀疑的挑战（比如当信念未能产生期望结果的时候），而人们不甘怀疑的状态。怀疑会驱使人们采取进一步行动，以解决怀疑，并回到信念的状态。换句话说，我们不能像笛卡尔那样定要为信念寻找根基，我们拒绝相信"P"，除非我们能为"P"找到牢固的根基。因为，我们无法为所有信念都找到根基，否则便怀疑一切。毕竟生活还得继续。我们应该将信念视为有实用功能的"假定事实"，当无法正常履行功能时，无法派生出应有的实际结果，我们对其进行检查，并予以改进。

实际上，命题远非其所对应的现实的反映。假设有两个命题（尽管互不相似），对每个命题的信念会有同样的实际效果，那么两个命题的意义则相同。如果我们无法想象出任何结果与对某命题的信念相违背,那么无论出于何种实际目的,这个命题也都是没有意义的。很多关于教育的政治话语就属于这种性质。比如,"所有的孩子天性都是好奇的"。什么样的观察能证实这句话呢?当然,实用主义意义理论与逻辑实证主义有很多相似之处。就某陈述而言,如果我们无法用任何经验或试验来检验其真伪,则该陈述没有意义。

信念或许是有意识的,但常常只是某种行事的性情或习惯。如果我们相信商店卖香蕉,这意味着,在某些情景下,或产生某些欲望时,我们会采取相应的行动。信念除了体现在言语的宣布中,也具体化于习惯、性情与自发行动中。事实上,如果一个人虽然宣布某信念"P"(比如,上帝存在),但却从未参与过与该信念联系紧密的活动(如祷告),我们便可以说,此人没有该信念。换句话说,信念具化于通常与其相关的活动或行为中。我们并非是观察行为,推导其背后的信念。信念与行为并非是互不关联的两件事情,二者是合一的,即行为乃性情或信念在特定情况下的行动方式。要分析信念,便要看"心怀信念"在行动上的结果。

信念源自各种途径、各种权威与他人的对话交流、成长经历等。信念的"真理性"在于其是否能成功引导行动，而不在于是否为独立现实的反映。但信念常常无法成功引导行动。出乎人们信念的事件常会成为障碍，生出疑惑，而疑惑需要解决。人们正是出于去除疑惑、恢复信念的动机，才进行探索。

探索可有多种形式，可以是求助于权威，可以是回忆过去的个人经验。但最成功的是通过"科学方法"开展的探索，即为了获得可预测结果，提出系统的行动建议，并用经验来检验该建议（或假设）。这种为了达到某种信念状态对各种可能性所做的各种探索，并不能保证取得确定性，而只是一种行事的倾向，直至最终再次产生怀疑。

我们需要进一步澄清这背后的意义理论。我们可以在皮尔斯常被引用的一段话中看出一些端倪："考虑下，我们观念的对象会有什么效果，什么影响呢？"（Peirce, 1877, Ayer, 1968, p.49）。单词的意义并非其所指称的物体。一个陈述的意义并非其所对应的一组事实。单词或陈述的意义是其使用所产生的实际效果，即使用该单词或陈述的社会群体所理解的意义。我们以为是对物体的描述（厚、脆弱等）其实是对他人发生的效果，是使用该物体所产生的实用预期。厚，如果对物体施加某种行为，人们认为其会发出阻力。脆弱，如果把物体扔出去，就会预期其会被摔破。描述更像一种假设，预测如果某人以某种方式行事会产生什么结果。语言的意义在于其所创造的实用预期。这也告诉我们为何同一个单词对于不同的人而言有不同的意义。

拿教育话语中的"智力"一词为例。其"用法的逻辑"（比如名词）让我们误以为好像"智力"真有其物，可以检验、测量。但如果我们将其视为形容词（如杜威常说的"智慧行动"）或状语，则指特定情况下的一种行为。如原子等"科学实体"亦是如此。正如诺丁斯指出的，这个词虽然无影无形，但对于杜威而言，却是存在的，因为"效果"确实可观察到。

我们来考虑小孩子学说话这个例子。小孩子慢慢掌握一些词语，"给我""走开""我想要饼干"，这些词语之所以对于这个孩子有意义，是因为在他人身上产生的效果。语言有工具的意义，可以解决实际问题。成人确实会如此阐释语言。如果小孩子确实如此学说话，那最初语言是如何发源的呢？当时成人不应该也是如此学习语言的吗？虽然词汇更复杂，言语也更讲规则些。人类很久以后才对这些规则限定的言语行为做语法分析。人们学习如何在有需求的时候用言语表达——而不是先学习一门语言的语法规则。在某种意义上讲，皮尔斯道出了语言的根本逻辑，而这个逻辑并不一定体现在语法规则中。语法上看似明确的陈述句，在逻辑上被作为条件陈述句。"这孩子懒"（定言陈述句）其实意思是"如果你让这孩子干活，他会找借口偷懒……"（假设或条件陈述句）。一个陈述的完整意义是该陈述所衍生的所有可能结果。

命题也类似。每个命题，只要不是纯粹玄学的行话，那么从实用主义视角来看，与实践有关，不管关联多么细微。有人批评称，很多教育理论没有意义，因为难以看出"与实践的可能关联"（O'Connor, 1956）。实际上，对于杜威教育目的乃"进一步成长"的说法，有人便从这个逻辑加以批判（Dearden, 1968）。近年有人主张教育的目标是"人性的绽放"，这一说法估计也会受到类似的批判。我们对于一个孩子是否茁壮成长，能做出什么样的实用观察呢？

另一方面，将意义简化为"实用预期"，把所有定言述句简化为条件述句，确实有些费解。比如，首先，叫喊的意义或许是在表示一种危险，让人跑开。但这一意义并不体现任何逻辑或语法结构。叫喊与"我叫你快跑"这个陈述的实际效果或许一样，但二者的意义却有显著的不同。第一个是致使某效果的言语，第二个则既体现了该词语使用的语法规则，也体现了其逻辑规则。

杜威的哲学立场

我们应该在这里暂停，想一想我们是否在哲学意义上理解了对杜威影响如此之深的实用主义。

首先，知识（相对于意见而言）是一套可信的信念，前提是获得该信念的探索使用了系统的方法。这些信念并没有牢固的根据，可以让人们毫无疑虑地相信。但之所以说信念"有根据"，是因为到目前为止，尽管历经严苛的检验，这些信念一直能够为行动提供成功的指导。

第二，成长即在于人们在理解、控制经验的过程中，对不同信念加以协调，克服不同信念之间的矛盾。这会让人们在更大程度上将经验相连，有更人的整体和连贯感，先前的信念破碎不整、互相矛盾。寻求理解上更大程度的整体和谐，这是杜威哲学、即其教育哲学与实践的核心思想。

第三，这些信念在两个方面与行动相关。信念的意义体现于与其相关的行动中，且体现为一种性情倾向。再者，信念的意义与致使信念的探索有关；是施加于世界上的某种行动的产物。换句话说，信念在逻辑上与产生的积极探索相关，在某些条件下，也与其引发的行动相关。这对教育而言具有关键意义，因为据杜威称，在很多教育实践中，理论都脱离了产生理论的探索，而二者之间是有逻辑关联的，并且，理论也脱离了源自理论的实践。因此，这些理论只是晦涩的公式，是学生为了考试才学习，而不是塑造行为和未来预期的方式。

第四，若想掌握言语或文字的意义，需要与经验挂钩。如果人们抱有某信念（而非仅口头说说）便会期待对应的经验。教师需要将理论或所授知识的意义与经验挂钩，即对于学生而言有意义的、实际或可能的经验。

第五，信念是对经验的概念化组织，其本身在不断变化，因为总是无法充分预期未来经验或指导未来行为。比如，理解科学的一种方式，即将我们当下对世界的理解视为理解现实的一个阶段，永远是暂时的，有进一步批判、改革的空间。

不难看出，这和主流的真理与知识观不同。据杜威而言，主流的真理与知识观一直受到观察者隐喻主导，心灵在观察世界、描画世界。杜威眼中的隐喻却是，人们积极内化助其成功的性情倾向与习惯。"真理"不在于其与现实的对应，也不在于理念的连贯互通（这或许是衡量成功实践的必要标准），而在于其能引导未来行为。从证据来看，其实并没有确凿的信念，只是可信程度不一罢了。人们拥有这些信念的同时，也应该意识到其中的虚妄。

另一方面，杜威并未拒绝外部世界的存在，他只是认为，我们无法脱离我们的经验组织结构来认识这个世界。任何经验结构都无法做到这一点，因为必须合理，必须能指导现有经验。因此，我们当前组织经验的方式便常常会遇到新经验，无论如何解释，都游离于我们的控制之外。认识到上述说法，其实在某种意义上，即认识了基本陈述或定言陈述。但即使这一点我们也不能言之凿凿，因为这样的陈述本身并非真正意义上的基本陈述，也是"阐释"的结果，有修正的空间，甚至连我们报告感觉的陈述也是如此。

学生来学校读书时，便带着自己的一套信念，即他们自己阐释世界的方式。以此为起点，学生积极理解其经验的世界，与之互动，赋予其意义、探索其意义，尝试找到最佳的理解方式，于其中智慧地行事。如果教师忽略这一点，固守授课内容，便无法深刻影响学生的思想意识。

因此，教学的艺术，便是在人类所继承的经验阐释方式（如在科学领域）与学生稚嫩的阐释方式之间建立联系。但教师必须记得，我们所继承的阐释方式本身也并非永恒有效的。这些阐释方式会因经验与批判而变迁，且在其内部，专家们之间也常存有分歧。教师教给学生一个理念的世界，其意义在于其引导行动的能力，且在引导失败时，会不断演化发展。学习者需要明白意义这一层更加实用的含义，也应予以采纳，明白自己所持信念的临时属性，积极用进一步经验对其加以检验，并积极了解过来人的经验与理解。事实上，教育的目的，即帮助学习者认识到信念的临时属性以及通过批判实现进一步成长的可能，而这一过程永无止境。但这个说法人们很难接受。因此，实用主义便成了一剂苦药。

实践哲学

在1948年版《哲学的重建》（第一次出版时间为1920年）的介绍中，杜威如此说道：

> 哲学的独特功能及其问题与话题内容，源自集体

生活中的压力。其中衍生出某种哲学形式，研究的具体问题随着人类生活变化而变化，而人类生活是永远变动不居的，有时候还会遇到危机和转折点。(RP, 1948, pp. v—vi)

当然，有些问题在某种意义上是贯穿历史的，成为哲学研究的主题，如知识与真理、经验与现实、道德目标及其正当性、个人与集体的关系等。杜威的著述便研讨这些问题，不过几乎总是在教育的语境下讨论，帮助年轻人追随自身独特品质的成长。

但是，如何解决这些哲学问题，取决于社会背景条件及当下思想观念，因而呼唤"哲学的重建"。古典哲学对于真理与理性、理论与实践以及责任与美德自有一套理解，反映了古典时代的社会条件与关系，即在当时社会，一方面精英阶层有自由与能力思考真理，获取理论。另一方面，那些从事实践的人们，对所谓原理不管不顾，却善于动手创作。理论与实践的脱离也反映在道德与政治的思考中，影响了年轻人的教育以及其他诸多社会领域。

而科学方法的发展挑战了这一古典观念。其挑战了理论脱离实践的做法，也挑战了前人脱离经验而获得的"纯粹知识"。杜威所构想的重建乃"将科学的方法（观察法、理论即假说观、实验检验法）带入人伦道德领域，而正是借助这些方法，人类对物理世界的理解才取得今天的成就。"（RP, 1948, p. ix）因此，哲学思考即应采纳"实验的方法"：提出假说、进行检验、试错并辨识错误、根据经验重新思考、接受相悖的证据与批评、不断修正、形成"有根据的断言"，同时意识到所有断言皆为一时一地之说，不要妄想寻求永恒的真理。这种哲学观，或哲学重建观，也反映了科技发展影响下的社会变迁。

但杜威称，不幸的是，这种"重建"还没有被哲学研究广为接受（哲学研究仍陷于古典哲学家们提出的问题，或忙于对当下逻辑的技术性修补），且几乎没有涉及教育领域的思考。在教师训练与职业发展领域所形成并传播的理论，与课堂上的实践毫无相关，对于教师自发的聪明实践鄙夷有加。所谓研究只在于将理论运用于实践，而不是在实践中检验理论，根据经验提出新理论，虽然是临时的真理，以便未来的尝试行动能够更加成功。

哲学不应该是一套关于真理、知识、道德与社会的理论，哲学思考应该是对人类生活，尤其是年轻人成长进行实验式的思考，旨在让年轻人智慧地适应变动的环境与集体生活，贡献能力为集体做出自己的贡献。

其实，正如诺丁斯所言："他（杜威）坚称教育哲学是哲学领域最根本最重要的分支，因为所有其他分支，在某种意义上，都赖教育哲学为基。教育哲学，对于杜威而言，乃生命的哲学。"（2005, p. 25）。

第四部分
属于我们时代的教育哲学家

约翰·杜威力挺"共同学校",因为其一方面是对社区的模拟,又有益于社区的创建与维护。背景各异的年轻人共处一校,彼此受益。穷困的学生让家境富裕的学生了解贫穷。有宗教信仰的学生则会丰富一些学习内容。

第四部分
属于我们时代的教育哲学家

第八章　当下的问题与杜威的"回答"

介绍："死亡与重生"

本书开篇第一章便指出，杜威常遭受攻击，不仅在美国，在英国亦如此，批评他是诸多教育问题的始作俑者。他被视为儿童中心教育观的精神领袖。因此，也被视为敌人，阻碍了各类知识体系代代相传。正如威斯布鲁克所言，在美国，"杜威的教育哲学于50年代遭到进步主义教育反对者们的猛烈批判，他们把美国公共教育体系中几乎所有症结都归咎于杜威。"（Westbrook, 1991, p. 542）。但威斯布鲁克又说，其实杜威遭受批评，并非因为所谓的儿童中心教育观，也因为他关于民主与社群的激进观点，他要求每个人都最大限度地参与讨论影响其生活的决策。这样的民主理念后来在学校得到滋养。

再者，杜威作为哲学家的声誉大打折扣。他的实用主义哲学与作为经验主义主流的实证主义（第三章有提到）大相径庭，哲学界对他的观点不再认真对待，虽然罗素曾称他是在世的美国最伟大哲学家。另外，他的"实践哲学"观，也不利于培养当时社会对哲学作为独立学科刚刚涌现出来的兴趣，因为要求人们具备哲学期刊编辑们所苛求的技术知识。杜威所谓的"哲学化"即指严谨地思考如何解决问题，这是我们每天日常生活必须面对的。如卡尔·波普所言"解决问题是生命的全部"。哲学即系统地思考如何根据问题的性质严谨地予以解决。

既然杜威这位哲学家兼教育家已然辞世，我们如何能说他是21世纪的教育哲学家呢？

第一，随着杜威批判的经验主义逐渐式微，人们对杜威又产生了兴趣，这一点自然不难理解。卡尔·波普所谓的"进化认识论"，与半世纪前相比，也更显适宜了，而杜威正是一位"进化认识论者"，这一点我在第七章已经阐明。在美国，人们重又开始对实用主义产生兴趣，因此更多人按照杜威所说的方式进行哲学思考。而实用主义这一思考方式既不过于专业，也不深奥晦涩，人们可以借之解决社会各个层面的问题。其实，杜威因为拒绝"基础主义"（foundationalism），即世界存有可知、可靠的基础，知识与道德原则可以建于其上，成了随后风行教育理论与研究的

第四部分
属于我们时代的教育哲学家

后现代主义的先驱。

杜威之所以能在英、美两国恢复名声,有两位哲学家立下了汗马功劳,即美国的理查德·罗蒂(Richard Rorty)与英国的阿兰·瑞安(Alan Ryan)。罗蒂大胆地宣称杜威是"本世纪(20世纪)最伟大的三位哲学家之一",另两位是维特根斯坦和海德格尔(1979, p.5)。主要原因是,杜威的实用主义旨在削弱知识与现实的传统分析(称知识与现实以某种方式相对应),发展出二者的实用主义版本,虽抹杀确定性,却是用一种建构的方式面对未来。杜威展示了,没有确定性的生活也可以讲得通,没有牢固根基也能获得知识,还尽可能让最大多数人生活更美好、更有奔头。杜威的这套实践及他对年轻人教育的思考,改变了当时关于学习、探索、理解、知识传授以及整个学校系统的主流思想。

瑞安在他《死亡与重生》(*Death and resurrection*)一书末章中也说,杜威这位哲学家兼令人敬重的教育家,只是暂时离去,他会重新回归人们的视线,继续影响我们的生活。瑞安这本书的标题也不无贴切。意义与真理的实用主义理论与哈贝马斯关于解放性社会理论的学说较为契合,哈贝马斯强调自由平等的交流,这又与杜威的民主对人际关系与机制的重视不谋而合。正如瑞安所言:"毫不夸张地

说，《民主与教育》的中心思想即使在75年后也一样有生命。"（1995, p. 357）

那么杜威思想到底有什么特点，能让他成为21世纪的教育哲学家呢？

杜威思想的根本核心是，他排斥我们哲学及教育思考中所弥漫的虚假的二元论：心身二元、知识与经验二元、理论与实践二元、学业与职业二元、个人成就与社会责任二元、公共理解与私人意义二元。我们的教育太过强调心灵，忽视身体，强调传授知识，却忽略学习者的经验。认为在课堂上学习了理论，便是受了教育，而课外实践只算职业培训。最终目标是"受过教育的人"，而非兴旺繁荣的社群。另外，学习书本中记录的公共理解，并不参考学习者的主观世界。

但杜威却说，人类就像其他生物有机体一样，在不断地积极适应经验和环境，适应过程乃基于对经验的阐释。然后再将被阐释的经验内化于心，在此基础上，又来阐释新经验。这种经验促发的成长，不断地适应与再适应，对经验的重重阐释，是一个没有结束的过程，最终只会给你更丰富全面的能力素养，帮你面对新经验，从中获益。学校正是帮助学生获取经验实现成长的地方，而不是忽略经验或认为其无关紧要。杜威认为，学习的最大障碍是那些"非教育型经验"：即当学童无聊、不愿学习时，学校生生设计出的经验，反而会阻碍学生进一步获取经验与成长，打消学习兴趣。但学校并未认识到这一点，无视知识传授与年轻人兴趣、经验之间的逻辑关联，不晓得教师的技巧与角色全在于建立二者之间的联系，儿童个人世界与"人类智慧"这个公共世界之间的联系。学校不自觉地践行着二元主义，认为学习乃外在的训练，而行为可临时修正。学生先前的自身经验会影响其入学后的学习，但学校对此并不重视。

  再者，人类有机体所须适应的环境，便包括自古以来我们所继承的经验组织结构，记录于书本、物品及机构制度的实践中。因此，为了"智慧地生活"，人类有机体在适应环境的过程中，必须与他人互动、合作，这样便能更好地生活，获得更广泛的经验，并提升智慧行事的能力素养。社会之于人类生存并非仅仅起着辅助之用，对于个人成长必不可少，因为个人正是在与集体的互动中对新经验做重新的概念化。但这里所说的"集体"并非一定是面对面的形式。如今，我们常听人谈起"有机网络社区"，人们只在网上结朋交友。但书与物品的世界也有相似的旨趣，人们得以与存于其中的"人类智慧""交流"。集体的智慧对年轻人生活中遇到的实际问题有所教益，而优秀的教师则能在中间牵线搭桥。但这需要所有的学校将各种交流沟通的渠道予以最大的利用，帮助学生更好地聆听他人，接受批评，培养学生互帮互助的美德。学校是社群，每个人的意见都有价值，学生有最大的自由来表达自己的意见，挑战别人的思想，从而得以成长。实际上，这也是杜威民主观念的核心。

因而，学校应像社群，欢迎具有不同经验的年轻人，尊重每个人分享的经验，用不同的阐释去挑战彼此的经验，以此培养进一步探索的能力，借鉴古圣今贤留在书本物品（比如艺术品）中的智慧，为将来迎接新经验、面对新生活做好准备。如果宽泛地理解"准备"一词，那么所有的教育都是职业培训。

我们时代的问题与杜威式的回答

每年，英国总督学都会发布一个报告。2006年报告称，有13%的中学质量不达标，还有38%的中学属于良好。督学口中的"良好"即"不合格"。所以，有一半中学被判定"不够好",而这些学校大多地处不甚发达的学区,学校里有四分之一的学生符合领取免费午饭的条件。但保守党教育发言人却称,需强化"纪律、行为规范、分班教学"(英国卫报,伦敦,2006年11月23日)。总督学自己也说,这些学校表现不佳,主要原因是学校领导能力太差,"我们应该从工商界引进一些校长。"(泰晤士报,伦敦,2006年11月23日)。这份报告以及之前的报告,都按照政府或总督学的标准来评判学校,但报告却未质疑其中的体制标准是否妥当:评判标准;使得这么多年轻人和学校都不能合格的课程;基于问责而非基于学业提升程度的评价机制;断定学生不合格而非尊重学生努力进取的挑选体系;排斥实践学习的做法[威廉·莫里斯这样的天才工匠、伊赞巴德·金顿·布鲁内尔(Isambard Kingdom Brunel)这样的天才工程师,皆擅长实践学习]。

这些报告很少反思教育的目的与价值。或许,学校之所以不尽如人意,除了学校领导工作不力,纪律不够严明,还在于学习内容与学习方式脱节以及人们对学习本身所持有的态度。有人把办学校比作做生意,但却少有细查这个比方的优劣好坏。拉里·库班在《黑板与底线:为什么学校不能办成企业》(*The Blackboard and the Bottom Line:*

Why Schools Cant't Be Businesses）中提及一个成功的商人，此人致力于兴办公校，他对一群教师如此说："如果我像你们办学校一样做生意，很快就会倒闭的。"当有教师质询他时，他说，他挑选蓝莓时要求很高，不达标的，便退回去。那位教师回应道：

> 没错，但我们绝不能把蓝莓退回去。无论学生富裕还是贫穷，天赋异禀、优秀杰出也好，遭了虐待或受了惊吓也罢，或是自信的、无家可归的、粗鄙无礼的、聪明伶俐的，我们一概接纳。有的学生有多动症，有的学生得了儿童类风湿关节炎，还有的英语不是母语，我们照单全收，一个都不落下。这就是为什么办学不能是做生意。（Cuban, 2004, p. 4）

鉴于美国糟糕的教育环境，也因看到有人开始把教育当商业办，杜威开始提出各种问题：学习的质量与性质；学习者的声音在教育中的地位；依赖课程学习以理解经验的做法；普通学校与教育的制度供给；职业教育与培训以及将学生挑选划分成不同群体的做法等。他所提出的问题，给出的答案，隔了这么多年，仍有重要的意义。

第四部分
属于我们时代的教育哲学家

学习质量

教育体系的核心目标即学习。这个道理不言而喻,却屡遭忽视。但这里有两个问题。第一,怎样才算是学到了东西。第二,要学习什么,什么才值得学?奇怪的是,那些决定年轻人学习经验的决策者们却很少深入思考这些问题。

第一个问题之所以难答是因为有太多不同的东西可以学习:实践技巧、概念、事实、态度。到底什么才值得学,取决于学习内容的逻辑属性。学习生物学即要掌握一些核心概念与原理,并知晓如何加以运用。衡量成功学习的标准(所谓达标)取决于所学主题内容的逻辑结构以及学生是否能运用所学知识更智慧地行事。"懂得如何运用知识"以及"能够更智慧地行事",乃杜威界定理解与否的两个核心指标。其实这两点是关于"理解"的常识,也是其重要的哲学含义。但尽管是常识,现有体制在界定标准、评估学生与学校时,很少予以考虑。学生是否能正确运用概念,一般体现于实践活动中,体现在其是否能辨识概念的例证。但理论与实践分离,概念的学习沦为仅仅学习一些定义、公式，接受被传授的知识，这皆不利于正确理解核心思想与概念。近年英国发布了史密斯报告，名为《重视数学》(*Making Mathematics Count*)，报告表明了，学生掌握数学公式（能够理解所用词汇的内在逻辑结构，足以通过考试）并不代表其能在"真实世界"予以恰当运用（Smith Report, 2004）。杜威如果知道如今英国不再将实地研究与课程考察作为学习的必要组成部分，一定会很绝望，此举旨在方便更加标准化地评估学习效果。纸上谈理论不代表学生知道如何应用理论，就好像纸上谈"实践"不说明学生能有效、聪明地从事实践。对杜威而言，理解某事的一个核心要义便是能够妥当行事。理论与实践不是彼此不通的，而是"智慧行事"的不同方面。盛行英美两国的高风险考试（high-stakes testing）既不能如实反映学生的努力，或对探索的投入，或对经验的理解，也不能使其成为可能。考试本身成了目的，基于一个虚化学习理念，成了追责定罪的工具。

再者，"逻辑结构"是我们从他人那里汲取得来的，因为他人也问过类似的问题，做过同样的探索。换句话说，我们想传给下一代的知识体系，只是暂时的经验组织方式，是我们探索得来的结果，目的是引导我们继续探索。

因此，对杜威而言，学习的核心是探索。年轻人是通过探索来学习的，虽然是参照了前人的探索，杜威将前人探索称为"人类积攒下来的智慧"。杜威将"学习内容的逻辑结构"与学习者的心理做了区分，称应将前者"心理化"，使其与后者的理解方式相契合。这与另一种信念与实践全然不同，后者不管学生心智状态怎样，也不论年轻人兴趣为何，只把前人知识原样传授。这样的知识顶多像是用胶水粘在身上一般，并不能改造年轻人对世界的领悟。而在最坏的情况下，学习者会对学校所教内容完全失去兴趣。杜威会向总督学指出，一些学校之所以表现不良，是因为不能在所教内容与年轻人的深层关切、兴趣与经验之间建立联系。课程设置应将学生的声音与经验视为核心，而不是为让学生学习他们并不感兴趣的东西所采取的激励措施。

再者，探索一般为实践性质，为了解决具体的问题。与人和事打交道会遇到问题，行动暂时受阻，直到找到出路。人们在解决问题时，严谨程度不一，背景知识各异，或有或无适宜的性情或技能。但因标准强调的是理论而非实践，人们更多只是在纸上谈"实践"，而非真正从事实践，实践学习与实践技能在课程中的比重愈发微小。实验与实践学习虽然深受年轻人喜欢，能帮助年轻人更好地理解世界，也是杜威提倡的个人成长教育目的论的核心观点，可惜却没有发挥的空间。

学校以及学习的制度供给

在很多人眼里，美国高中并不仅仅是个传授知识的地方。学校一般很大，和当地社区紧密相连。佩什金（Peshkin）做过一个案例研究，研究对象是位于某中西部小镇的一所学校。该学校重视学校内部的社群生活，为学生走向社会这个更大的社群做好准备。体育活动既面向学校，也向社会开放。从国外来访的客人常常惊讶地发现学校设备规格高，且很受重视。

这和英国的情况迥然不同。学生在11岁和16岁面临两次升学，这会影响很多区域。在过去几十年，连续几届政府都鼓励学校彼此竞争（旨在提高标准）。英国有社区学校的传统（如亨利·莫斯利于20世纪30年代创建的剑桥郡乡村学校），但是，创建社区学校之举一直未能像在美国那样受到重视。

对于杜威而言，学校如果想实现教育功能，则必须成为社群，原因有三。第一，只有在社群中，大多数学习者才会为学习找到适当的语境，人际交流、批评、资源与支持。第二，之所以创建学校，正是因为家庭或当地社群无法提供足够的知识与技能，无法智慧地管理更大共生社群的共同利益。第三，就培养用以提升、维护更大社群所需的素养与技能而言，学校十分重要。杜威在《民主与教育》(p. 81)中说，教育有"社会功能，在未成年人参与群体生活时予以指引，促其发展。"我在第六章解释过，第一，群体的生活构成社群，社群共享一些认知，并需予以保留；第二，社群成员之间平等交流；第三，社群成员共享目标、信念、渴望、知识与理解。

我们应知道，不同的比喻会对我们如何看待学校影响不同。杜威用的基本是成长的比喻，即每个个人或社群尊重维护其得以实现目标或臻于圆满的土壤条件。如果像杜威一样，用社会生物学视角来看待人类及其成长，则更大的社群单位必不可少。学校不能游离在外。但这个比喻却并未被广泛接受，如今依然如此。哲学家迈克尔·奥克肖特将理想的学校比作修道院，庇护年轻人不受日常生活的干扰。学校不应与社群打成一片，而是独立开来，以便不受干扰地专求学识。很多私立学校以及一些新办的大学，都在僻静之地，独处一处，自成社群，那里的儿童进入社会也晚得多，免受社会的污染，却能成为社会的引领者。

不过，杜威对柏拉图的护国者并不热衷。一个真正的社群，应该如此：首先，向所有人开放，无论其阶层、能力或背景，第二，社群内部所有成员都能参与讨论影响其生活与利益的事项；第三，其决策尽量惠及大多数人；第四，有共同的活动与责任；第五，成员之间互相支持、互相尊重；第六，只有在为了达成共同议定的目标时才允许偏倚或选择。在杜威看来，这种最大程度地共同参与协商、决策、承担责任，才是民主的本质，也是个人成长与自我实现的必要条件。每个人的声音都同等重要。英国学校根据智力、宗教信仰与家长选择对学生加以甄选，但杜威会认为这么做与教育的宗旨背道而驰，也不利于构建一个惠及众人的团结一致、生机勃勃的社群。健康的社群需要的是合作，而非竞争。

因此，杜威力挺"共同学校"，因为其一方面是对社区的模拟，又有益于社区的创建与维护。另一方面背景各异的年轻人共处一校，彼此受益。穷困的学生让家境富裕的学生了解贫穷。有宗教信仰的学生则会丰富一些学习内容，用杰罗姆·布鲁诺的话说，促发学生思考人之所以为人的意涵是什么，如何使其更加丰富。在共同学校里，信仰不同背景各异

第四部分
属于我们时代的教育哲学家

的学生不仅学习容忍差异，也从差异中受益，认识到自己信仰的不足，通过与有不同人生观的人互动而成长。这对于移民社会而言尤其重要，因为成员文化背景各不相同。只有在共同学校里，这种多样性才会转化成相互尊重，继而又维护多样性，并从中受益。

英格兰和威尔士在20世纪60年代后期，尤其是70年代创建综合学校时的设想正是如此，当特（Daunt, 1975）在《综合价值观》（*Comprehensive Values*）中对此做过精辟的阐明。若当时已然如此，今日社会则更应强调，因为移民使得社会变得更加分化，多元。事实上，调查布拉福德种族骚乱的乌斯利报告（Ouseley Report, 2011）称，分化的教育体系是骚乱发生的主要原因，因此，主要解决方案应该是面向所有学生的更综合的教育体系。

但这一目标却并不易达成。社群本身也常因种族和社会阶层差异产生分化。服务于社区的共同学校则一般不会消除多样性，而是强化之。而教会学校则与共同学校的宗旨背道而驰。英国盛行私立学校教育（覆盖约8%的富裕或特权家庭子女），这是取得"共同经验"的又一障碍。实际上，教会学校支持者会说，需要大力培养年轻人传统价值，这会给他们一种身份感与价值感，助其未来为社会做大的贡献。正如首席拉比乔纳森·萨克斯（Jonathan Sacks）提到犹太教传统时所说：

> 这种道德准则是因袭相授而来的，内嵌于一整套生活方式，并受其强化，写在文字书本之中，代代相传，执行于仪式之中，社群成员以身示范，由启示录与传统予以保障。犹太教也并不自称为普世公理，只代表了犹太教徒必须遵守的守则，全然明白美因茨当地的基督徒邻居们遵守的是一套完全不同的信仰。（Sacks, 1997, p. 89）

因此，单个社群联合组成社会，也丰富了社会，每个社群都践行自己的一套生活方式，因而获得身份，并予以保留。这些实践、仪规、符号、行为准则、处世之道、礼拜与典礼仪式、庆祝宴会、忏悔与反思的时节等，都是代代相传的信仰的符号与象征，无法仅仅由命题加以表示，虽然神学家与哲学家尽力为之。这些信仰通过代代相传的惯例、社群生活形式讲述了一个深刻的人类故事，而这些信仰的保留对下一代的教育至关重要，也被视为一种义务，一种约定。这一义务在《希望的政治》

(*The Politics of Hope*)一书中得到强调，书中萨克斯援引雅各·纽斯纳（Jacob Neusner）的《保守派、美国佬和犹太人》(*Conservative, American and Jewish*)，说：

> 文明依靠脆弱的记忆一代又一代薪火相传。如果有一代父母亲未能把自己从父辈所学所记传给子女，那学习和智慧的链条便应声而断。只要人类知识的守护者一个趔趄，整个知识与理解的大厦便轰然倒塌。(Sacks, 1997, p. 173)

支持教会学校而反对共同学校的人士会说，学校本身必须保证学习的链条不会断裂，镶嵌于社会实践与仪式中的重要道德传统必须要保留，旨在鼓舞人们共同向善。（《普林》，2006，一书对个中矛盾的描述：一方是杜威提出的共同学校的理念，一方是有人赞成自由结盟、维护自己独特传统。）但杜威的观点是清楚明确的。瑞安（1995, p. 339）指出，杜威强烈反对公众对教会学校的支持，且在这件事情上与天主教堂意见不合。"公共教育即把所有的美国学生联合在一处，而不是把他们分隔开。"

至于私立学校，杜威只在道德上做一番说教，而非诉诸立法或强制措施。但他会支持向共同教育投入更多资源，使得用于私立教育的支出不再必要，甚至显得愚蠢。而就文化和物质资源都十分贫乏的社区学校而言，杜威则会赞成米德温特（Midwinter）多年前的创举。米德温特在利物浦创办平民学校，他将学校视为社区的一部分，将社区的经验与改造当作课程设置的核心内容（Midwinter, 1975）。但这只是杜威迄今仍被视为危险人士的部分原因。米德温特的提议被视为对传统教育观的激烈挑战，而传统教育观认为知识是经由传授习得，是否能够接受传授的知识被视为学习成功或失败的标准。在20世纪60与70年代，涌现出很多反对的声音，建议更加重视学习者的经验，挑战违背社群精神的价值观，但最终都一败涂地。

教师：角色、训练和职业发展

本书第五章提到，传统教育中教师的角色十分有限，杜威对此大力鞭挞。是教师将我们继承的知识（人类的智慧）"心理化"，帮助年轻人理解自己的经验，他们因此可以更加智慧地管理自己的生活，得到引导，进一步丰富自身经验。为此，教师须得身处两个阵营，一个是我们所继承的"知识的逻辑结构";一个是年轻学生的兴趣,志向与理解方式。现在教育体系过于沉迷于将教师简单地视为"课程知识的传递者",这在杜威看来,是危险的胡说。这意味着,既剥夺了教师智慧传承守护人的角色,又否认教师作为把智慧传授给个体学生的中介人的角色。再者,社群本质上属民主性质,必须给予教师一席之地,因为教师离影响学习质量的决定最近。教师须是"课程知识的制定者",而不是"课程知识的投递者"。

对于如今的教师行业,即教师培训与教师发展而言,这一观点越发生疏。学校由上而下地规定教师应该做什么,达到什么目标,因为政客与公务员会以此为评判依据,而不论学生学习的是什么具体知识。对于杜威而言,忽视学生个性的做法不通情理,因为每个学生的经验不同,由此会生出新的经验,并基于旧有经验理解这些新经验。同样,教师在帮助学生理解经验时,会带着自己的理解方式。教学具有对话性质:经验粗浅、视野狭窄的学生与更加练达、经验老道、知识丰富的教师之间的对话。我们无法也不应该抹杀这一性质。

认识到这一点,对于教师入职培训以及进一步职业发展而言,都有所影响。教师需要沉浸于科目知识中,凭此帮助年轻人理解他们的经验。为了能从学生的视角看待问题，教师也需要帮助。除此之外，教师还能如何在二者之间架起桥梁呢？再者，教师也常需要自我充电——投身学习过程中，和学生更好地接触，帮助他们学习。杜威并不赞同通过在岗培训课程帮助教师达成目标或传递课程内容，而是将教师视为民主社群中负责任的一员，想要丰富自身经验，因此，要确保他们有机会选择丰富教学经验的方式。海尔布隆（Heilbronn, 2005/6）写过一篇论文，这是为数不多的几篇洞察杜威哲学对教育以及教学培训有何意义的论文之一。他在论文中展示了教师的知识（要通过各种帮助获取的知识）本质上是基于经验的实践智慧，教师会对其进行系统的思考，且与教师所做的研究息息相关，不管该研究从职业视角来看是否具有相关性。这既要求教师熟悉研究内容，也要求其受过实用判断的训练。

入职准备：教育还是培训？

学术与职业之分影响了诸多教育思考（比如面向不同人群设置不同课程），但这对杜威而言，意义甚小。所有的经验，如果处理得当，如果能成为进一步成长、促进理解的载体,则都算作教育。所有的经验,如果加以反思,予以内化,都会影响个人看待未来可能性的方式以及人生方向。

教育的目标是培养学生智慧地管理生活的能力,而选择扮演一个具体的经济角色并为其做准备只是其中一个方面。"职业培训"如果涵盖下面这一层深广的意义,则也算教育,即在达到人类完满与实现人类价值的大框架下理解经济与职业目标。从这个意义上来讲,如杜威在《民主与教育》第23章中所言,整个教育都是关乎职业的,将学习分为学术和职业又是一种二元论,无论对那些从事学术学习的学生而言(一般缺乏实践活动),还是那些走上职业道路的学生来说(一般缺乏人文学科训练,且注重实际工作,但忽视背后的理论),都是不利的。

而对于杜威而言,这并不意味着"专辟之所",或是远离尘嚣的清幽简朴之地。商业以及社群的经济生活乃年轻人经验中不可或缺的部分,只有理解了,才能更智慧地管理自己的生活。杜威明确地指出,教育年轻人,也要让他们准备好过学校外的生活,这当然也包括职场。但对杜威而言,"职业"有更广泛的含义,不仅是为了一个具体的职业或角色。

但这一点常遭到忽视。从上文提到的那位总督学的话中可以看出,"商业"常被当作教育问题的解决方案。库班对此有过详细描写。在长达一个世纪或更久的时间里,商界对学校课程的内容、提供与组织都有所影响。但更重要的是,杜威透过表象,分析了"商业模式"为何会看上去可行,他所谓之"行为逻辑"。这其中的行为逻辑包括明确的目标,经常性绩效考量,考量结果的公布,家长基于该结果的选择,若干供应者之间的竞争,绩效的激励(如按绩报酬)以及惩罚。最能反映这背后哲学的或许是麦肯锡法则(库班未做此结论):"真实即可控;可测即可控。"在一些情况下,该"行为逻辑"走得更远:代金券、盈利学校、"人力资本"投资收益、对后进学生采取激励措施的经济回报等。

比较极端的案例自然很容易得出一些结论。教育系统与经济环境之间肯定应有所联系,因为学校培养的是下一代公民。组织良好的工作经验也是很好的教育,因为可以培养学生的理解力,个人素养以及相关技能。未来雇主的期望与想法也很重要,他们也是民主社群的构成部分,会对教育产生影响,因为教师们培养的学生将来要受他们雇佣的。上面所言皆有道理,但个中仍有很大区分,正如那位教师在对蓝莓冰淇淋卖家的诘问中所指出的那样(166)。最重要的不同在于,教育的道德宏旨,并非受经济利益驱动，也不应受其驱动。这根本就不是一码事。

教育的目标

因此，上述"行为逻辑"以及用于描述、衡量如今青年人教育的"新话语"会让杜威惶恐。其中包括：将"输入"与"输出"加以关联以衡量"增加的价值"；"课程内容教学的完成程度"；将"绩效指标"作为"学习目标"；对绩效加以"审计"；"效率增益"，用更少的资源达成同样的"绩效目标"。杜威反对的不光是这些不合时宜的管理学行话，还有用来描写、衡量、区分年轻人的内涵贫瘠的语言，如"优秀""平均以下"。

这样的语言背离了教育的道德目标，因为教育是根据每位个体学生对物理、社会与道德世界的理解，助其养成更智慧地理解经验的方式。学生们越来越智慧地管理生活，"智慧行动"的能力越来越强，这会体现在方方面面。对很多人而言，这需要他们努力理解各自世界的诸多方面，理解当前的经验，准备好面对新经验。但在所谓标准化的公共"教育"领域，这样的艰苦努力常被看作失败，而非采取支持性介入的缘由。因为传授知识之事业有太多需要"涵盖涉及",没有余力考虑个体学生的想法与兴趣。

因而,在教育的道德内涵失之于上面提及的"行为逻辑"时,杜威道出了"教育"最典型的道德含义。我们很容易把"教育"(上学,学这样或那样的科目,识数等)误解成通向其他事物(找到工作,通过考试等)的手段,或通向更长远目标的手段。将"教育"作为手段的整体"目标",仍基本游离于教育话题的讨论之外。对"教育"的评价,更多基于其成功获取设定目标的"有效性"。但正如第三章所说,"教育"是一种评价性概念。这一点也为杜威所热烈赞成。如果把"教育"归为一些活动,则赋予了某种价值。对于杜威而言,这些价值在于是否能提升学习者理解各自世界、进一步探索和理解世界、融入由志同道合人士共同构成的社群并相互智慧合作的能力。他称此为成长,这一成长可以通过学习他人所思所言予以促进。教师的技艺便在于将前人的智慧以合适的水平呈现给学生。但这种成长的最终结果——社群内部的合作学习,是无法预测或设定的。无论事实上,还是在权利上,"中央控制"(central control)都是有限度的。

或许,应该对教育研究的属性做一个补充。约翰·艾略特(John Elliott)如此区分"对教育的研究"与"教育研究":

第四部分
属于我们时代的教育哲学家

前者是把教学研究视为一种伦理探索，旨在辨识教育益处的某种概念，而后者视教育为构建关于教学的知识，这与教师本身对教育价值的理解无关。（Elliott, 2006）

艾略特在此处以及他处皆提及杜威。杜威会赞同这一区分的。杜威提倡的学习概念的核心是探索理论。但其不光指学生积极探索，努力理解经验，教师同样也努力帮助学生探索：何时进行干预；使用何种学术资源；学生如果有能力进一步学习与探索，那么鼓励他们朝着何种方向。若要就学习是否有精益进行仔细周全的探索，则需要各种证据，对后果做道德评价，并结合语境，联系经验。自然会涉及"对教育进行研究"，但不只如此。其乃实践知识（phronesis），而非技艺（techne）。是于行为中慎重仔细地"努力理解"，是将道德与实践评价加以融合。实际上，按照杜威的说法，就是"实践哲学"。

结论

杜威在其漫长生涯中，一直坚持着"实践哲学"的理念，对教育提出批评及改革建议，既有教育的哲思，也作日常思索。杜威在1897年的《我的教育信条》一文阐明了对传统教育的批判，本书也在开篇便提出，杜威终其一生坚守这一批判态度。这里不妨回顾一下，作为本书的结局。杜威认为传统教育：

- 与学生从家庭与社群带来的经验脱节；
- 与实践和手工活动脱节，二者乃通往经验的途径；
- 忽视了激励年轻人的学习兴趣；
- 视知识为纯粹的象征与形式，铺陈于教材中，强附于学生，却脱离其经验或当前的理解方式；
- 通过外部权威施加纪律，而非鼓励年轻人积极参与。

对于杜威，或我们所有人而言，在未来应对青年学生的声音与经验严肃视之，探索如何用我们继承而来的诸种智慧帮助年轻人增益能力、收获希望，更好地面对未来，且要摆脱教条主义，用实验与探索的方法、虚心的态度、海纳百川的精神来达成这一目标。

参考文献

下列杜威作品按时间排序，且用两到四个字母代表著作的缩略名。若出现两个日期，则第一个为第一次出版日期，第二个为参考著作出版的日期。

Dewey, J.（1889）"The philosophy of Thomas Hill Green", *Andover Review*, 1: 337–55（PTHG）.

Dewey, J.（1897）"My pedagogic creed", *School Journal*, 54（3）, reprinted in Garforth, F.W.（1966）*John Dewey: Selected Writings*, London: Heinemann（MPC）.

Dewey, J.（1902）*The Child and the Curriculum*, reprinted in Garforth, F.W.（1966）*John Dewey: Selected Writings*, London: Heinemann（CC）.

Dewey, J.（1910/1915）*The School and Society*, reprinted in Garforth, F.W.（1966）*John Dewey: Selected Writings*, London: Heinemann（SS）.

Dewey, J.（1910/1933）*How We Think*; new edition, Mineola, NY: Dover Publications, 1997（HWT）.

Dewey, J.（1916）*Democracy and Education*, New York: The Free Press（DE）.

Dewey, J.（1920/1948）*Reconstruction in Philosophy*, Boston: Beacon Press. Paperback edition 1967（RP）.

Dewey, J.（1922）*Human Nature and Conduct*, New York: Henry Holt（HNC）. Dewey, J.（1925）*Experience and*

Nature, Chicago: Open Court (EN).
Dewey, J. (1930) "From absolutism to experimentalism", in Adams, G.P. and Montague, W.P. (eds) *Contemporary American Philosophy*, vol. 2, London: George Allen & Unwin. Dewey, J. (1934) *Art as Experience*, New York: Minton, Balch (AE).
Dewey, J. (1934) *A Common Faith*, in Capps, J.M. and Capps, D. (eds) (2005) *James and Dewey on Belief and Experience*, Urbana: University of Illinois Press.
Dewey, J. (1938) *Logic: The Theory of Inquiry*, New York: Holt (LTI).
Dewey, J. (1938) *Experience and Education* (EE).

其他参考文献

Adams, G.P. and Montague, W.P. (1930) (eds) *Contemporary American Philosophy*, vol. 2, London: George Allen & Unwin.
Archambault, R.D. (ed.) (1965) *Philosophical Analysis and Education*, London: Routledge & Kegan Paul.
Auld Report (1976) *William Tyndale Junior and Infant Schools Public Enquiry*, London: HMSO.
Ayer, A.J. (1947) *The Problem of Knowledge*, Harmondsworth, UK: Penguin.
Ayer, A.J. (1947–8) "Phenomenalism", *Proceedings of the Aristotelian Society*, 47: 163–96.
Ayer, A.J. (1968) *The Origins of Pragmatism*, London: Macmillan.
Bloom, A. (1987) *The Closing of the American Mind*, New York: Simon & Schuster.
Bridges, D. (2003) *Fiction Written under Oath? Essays in*

Philosophy and Educational Research, Dordrecht: Kluwer Academic Publishers, 2003.

Bruner, J. (1960) *The Process of Education*, Cambridge, MA: Harvard University Press.

Bruner, J. (1966) "Man: a course of study", in Bruner, J. *Towards a Theory of Instruction*, Cambridge, MA: Harvard University Press.

Capps, J.M. and Capps, D. (eds) (2005) *James and Dewey on Belief and Experience*, Urbana: University of Illinois Press.

Collings, E. (1923) *An Experiment with a Project Curriculum*, New York: Macmillan.

Cremin, L.A. (1954) *Teachers College*, New York: Teachers College Press.

Cuban, L. (2004) *The Blackboard and the Bottom Line: Why Schools Can't Be Businesses*, Cambridge, MA: Harvard University Press.

Darling, J. (1994) *Child-Centred Education and Its Critics*, London: Paul Chapman.

Daunt, P. (1975) *Comprehensive Values*, London: Heinemann.

Dearden, R.F. (1968) *The Philosophy of Primary Education*, London: Routledge & Kegan Paul.

DFEE (1997) *Education Action Zones: An Introduction*, London: Department for Education and Employment.

Elliott, J. (2006) Paper given at the Annual Conference of the British Educational Research Association, University of Warwick.

Froebel, F. (1886) *The Education of Man*, New York: Appleton Century.

Goldsmiths College Curriculum Laboratory (1968) Report no. 2.

Green, T.H. (1883) *Prolegomena to Ethics*, Oxford: Clarendon Press.

Hadow Report (1932) *The Primary School*, London: HMSO.
Hamlyn, D. (1967) "The logical and the psychological aspects of learning", in Peters, R.S. (ed.) *The Concept of Education*, London: Routledge & Kegan Paul.
Heilbronn, R. (2005/6) "The construction of teacher knowledge", *The International Journal of the Humanities*, 3 (1): 129–36.
Her Majesty's Inspectorate (HMI) (1977) *Curriculum 11–16*, London: HMSO.
Hirst, P.H. (1965) "Liberal education and the nature of knowledge", in Archambault, R.D. (ed.) *Philosophical Analysis and Education*, London: Routledge & Kegan Paul.
Jackson, P.W. (1968) *Life in Classrooms*, New York: Holt, Rinehart & Winston.
James, W. (1904) "The Chicago School", in Capps, J.M. and Capps, D. (eds) *James and Dewey on Belief and Experience*, Urbana: University of Illinois Press.
Kilpatrick, W.H. (1918) "The project method", *Teachers College Record*, 19: 319–34.
Kohlberg, L. (1971) "Stages of moral development as a basis for moral education", in Beck, C.M., Crittenden, B.S. and Sullivan, E.V. (eds) *Moral Education: Interdisciplinary Approaches*, Toronto: University of Toronto Press.
Midwinter, E. (1975) *Education and the Community*, London: Allen & Unwin.
Moore, G.E. (1903) "The refutation of idealism", *Mind*, 12 (48): 433–53.
Niebuhr, R. (1932) *Moral Man and Immoral Society*, New York: Charles Scribner's Sons.
Noddings, N. (2005) *Philosophy of Education*, 2nd edition, Boulder, CO: Westview Press.

Oakeshott, M. (1972) "Education: the engagement and its frustration", in Fuller, T. (ed.) (1989) *The Voice of Liberal Learning: Michael Oakeshott on Education*, London: Yale University Press.

Oakeshott, M. (1975) "A place of learning", in Fuller, T. (ed.) (1989) *The Voice of Liberal Learning: Michael Oakeshotton Education*, London: Yale University Press.

O' Connor, D.J. (1956) *An Introduction to the Philosophy of Education*, London: Routledge & Kegan Paul.

O' Hear, A. (1987) "The importance of traditional learning", *British Journal of Educational Studies*, 35 (2): 102–14.

O' Hear, A. (1988) Paper given at the Annual Conference of the Society for Applied Philosophy in a symposium on child-centered education.

O' Hear, A. (1991) *Education and Democracy: The Posturing of the Left Establishment*, London: Claridge Press.

Ouseley Report (2001) *Community Pride, not Prejudice*, Bradford: Bradford Local Authority.

Peirce, C.S. (1877) "How to make our ideas clear", *Popular Science Monthly*, 12: 286–302.

Peshkin, A. (1978) *Growing Up American: Schooling and the Survival of Community*, Chicago: University of Chicago Press.

Peters, R.S. (1965) "Education as initiation", in Archambault, R.D. (ed.) *Philosophical Analysis and Education*, London: Routledge & Kegan Paul.

Peters, R.S. (1966) *Ethics and Education*, London: George Allen & Unwin.

Peters, R.S. (1977) *Education and the Education of Teachers*, London: Routledge & Kegan Paul.

Peters, R.S. (1981) "John Dewey' s philosophy of education", in *Essays on Educators*, London: Unwin Education Books.

Piaget, J. (1926) *The Language and Thought of the Child*, London: Routledge & Kegan Paul.

Plowden Report (1967) *Children and Their Primary Schools*, London: HMSO.

Popper, K. (1999) *All Life Is Problem Solving*, London: Routledge.

Power, S. and Whitty, G. (1999) "New Labour's education policy: first, second or third way?", *Journal of Education Policy*, 14 (5): 535–46.

Pring, R. (1989) "The curriculum and the new vocationalism", *British Journal of Education and Work*, 1 (3): 133–48.

Pring, R. (2006) "The common school", Memorial Lecture in honor of Professor Terry McLaughlin, November.

Quine, W. (1961) *From a Logical Point of View*, revised edition, Cambridge, MA: Harvard University Press.

Reynolds, D. (1998) "Teacher effectiveness: better teachers, better schools", *Research Intelligence*, 66: 26–9.

Rorty, R. (1979) *Philosophy and the Mirror of Nature*, Princeton, NJ: Princeton University Press.

Russell, B. (1910) *Philosophical Essays*, London: Longmans, Green.

Russell, B. (1946a) Paper to the Aristotelian Society, partly reproduced in Russell, B. *My Philosophical Development*, 1959.

Russell, B. (1946b) *A History of Western Philosophy*, London: George Allen & Unwin.

Ryan, A. (1995) *John Dewey and the High Tide of American Liberalism*, New York: W.W. Norton.

Ryle, G. (1949) *The Concept of Mind*, London: Hutchinson.

Ryle, G. (ed.) (1956) *The Revolution in Philosophy*, London: Macmillan.

Sacks, J. (1997) *The Politics of Hope*, London: Jonathan Cape.

Scheffler, I. (1960) *The Language of Education*, Springfield, IL: Charles C. Thomas.

Scheffler, I. (1965) "Is education a discipline?", in Scheffler, I. (ed.) *Philosophy and Education*, Boston: Allyn & Bacon.

Scheffler, I. (1973) *Reason and Teaching*, London: Routledge & Kegan Paul.

Schwab, J.J. (1964) "Structure of the disciplines: meaning and significance", in Ford, G. W. and Pugno, L. (eds) *The Structure of Knowledge and the Curriculum*, Chicago: Rand McNally.

Simon, B. (1991) *Education and the Social Order 1940–1990*, London: Lawrence & Wishart.

Smith, B.O., Stanley, W.O. and Shores, J.H. (1957) *Fundamentals of Curriculum Development*, New York: Harcourt, Brace & World.

Smith Report (2004) *Making Mathematics Count: The Report of Professor Adrian Smith's Inquiry into Post-14 Mathematics Education*, London: The Stationery Office.

Stenhouse, L. (1975) *Introduction to Curriculum Development and Instruction*, London: Heinemann.

Tawney, R.H. (1938) *Equality*, London: Allen & Unwin.

Westbrook, R. B. (1991) *John Dewey and American Democracy*, Ithaca, NY: Cornell University Press.

Wilson, P. (1971) *Interest and Discipline in Education*, London: Routledge & Kegan Paul.

Wilson, P. (1974) "Interest and discipline in education", *Proceedings of the Philosophy of Education Society of Great Britain*, 8 (2): 181–99.

索 引

(条目后的页码为本词条出现在原英文版书中的页码)

Accumulated wisdom of the race, 45, 47, 48, 69, 96, 100, 124, 164, 168
Action research, 19, 179
Adaptation, 13, 15, 16, 26, 44, 48, 55, 56, 66
AERA, 4
Applied Philosophy Society, 105
Archambault, 4
Aristotle, 118
Art, 70–73, 88
Auld report, 36, 78
Authority, 32, 36, 71,
Ayer, A. J., 53, 139, 152

Belief/believing, 67–70, 150–155
Business (model), 3, 35, 166, 176
Bloom, B., 34
Bradley, F. H., 13, 143, 144
Bridges, D., 19
Bruner, Jerome, 101, 103, 104, 107, 171

Campbell, A. E., 95
Chicago, University of, 1, 11–20, 54

Child-centred, 3, 4, 5, 7, 31, 36, 77–92, 147, 148, 161
Columbia University (Teachers' College), 2, 3, 11, 12, 17, 18, 106, 107
Common man, 71, 117
Communication, 116, 117
Community (democratic), 7, 14–20, 68, 69, 112–133, 164, 169–174
Cremin, L., 107
Cuban, 3, 35, 166, 176
Culture, 38, 113
Curriculum, 92–111, 126, 147

Darling, J., 4, 77, 95
Darwin, Charles, 13, 137, 141
Dearden, R., 5, 153
Definition, 23–24
Democratic, 117–120, 124–128
Descartes, 51, 54, 141, 150
Discipline, 15, 17, 18, 37, 105, 106
Dualisms (false), 7, 13, 18, 21, 40, 51–55, 61, 66, 70, 73, 94, 129, 138, 149, 163

Education: aims/concept, 4, 5, 7, 11, 16, 23–63, 177–179
Elliott, J. 179
Empiricism, 13, 51–53, 141, 144, 146, 161
Ends-in-view, 42–44, 47, 56, 58, 62, 63, 69, 74, 125, 127, 149
Ethics, 127–133
Evolutionary continuity, 66
Evolutionary theory, 13, 56, 137–141, 162
Experience, 7, 11, 15–17, 23, 26, 30–35, 38, 50–76, 162–168
Transformation/reconstructionof, 25, 26, 28, 29, 31 39, 40, 43, 45, 48, 65, 74, 100, 112, 163

Experiential continuum, 149
Experimenting, Experimental method, 7, 32, 67, 70, 129, 130, 157
Explanation, teleological, 132

Freedom, 79
Froebel, 85, 91, 95, 148
Goldsmiths College Curriculum Laboratory, 148
Green, T. H., 13, 14, 62, 137, 144
Growth (as an educational aim), 6, 11, 16, 26–29, 40, 44–47, 82–85, 117–120, 163

Habit, 26, 37–39, 45, 58, 59, 66
Hadow Report, 46, 95, 96
Hamlyn, D., 110
Hegel/Hegelian idealism, 13, 141, 146–148
Herbart, 125
Hirst, P. H., 25
Humanities Curriculum Project, 104

Idealism, 13, 141–149
Inquiry, 2, 5, 7, 64–67, 83, 168, 169
Institute of Education, London, 4, 5, 34
Instrumentalism, 8
Intelligent doing/action, 2, 18, 43, 59, 164, 168, 178
Interests, 15–19, 35, 36, 78–91, 100, 106, 109
Interpretation, 59–62

Jackson, Philip, 17
James, William, 2, 11–15
John Hopkins University, 4, 13, 137, 141, 146, 150

Joseph, Sir Keith, 4, 31, 77

Kilpatrick, W. H., 2, 3, 37, 69, 106–110
Knowledge, 7, 15, 25, 31, 32, 52, 53, 59–62, 67, 92, 94, 139–141, 154–156, 162, 168
Bodies of, 32, 33, 35, 74, 102
Knowledge-how (practical), 27, 59–64
Knowledge-that (Propositional), 59–64
Spectator metaphor of, 53, 63, 155
Theory of, 2, 6, 51

Learning, 23, 24, 33–36, 53, 60, 65, 166–169
Logical aspects (logical structure), 92–105
Psychological aspects, 92–97, 99–105
Leibniz, 51
Logical positivism, 71, 150.

Manpower Services Commission, 7
Mead, George Herbert, 1, 2, 12, 19
Meaning, 6, 28, 29, 37, 57, 60, 71, 78–81, 93, 94, 95, 98, 99, 153, 154, 163
search for, 65, 72
Means/end, 40–44
Michigan, University of, 1, 14, 141
Midwinter, 173, 174
Mind, 13, 52–54, 138
Montessori, 79
Moore, G. E., 144
Moral, morality, 112, 127–133
Morris, Charles, 13, 14, 141
Morris, William (Lord Nuffield), 87, 166

National Curriculum, 7
Neil, A. S., 77
New Education Fellowship, 95
New York Niebuhr, 71
Noddings, N., 2, 3, 152, 158

Oakeshott, M., 33, 34, 170
O'Hear, A., 4, 33, 76, 77
Organism, 4, 13, 26, 44–47, 55–62, 66, 73, 74, 112, 131, 140, 142, 143, 149

Peirce, C. S., 2 13, 19, 137, 146, 150–153
Peshkin, A., 169
Pestalozzi, 107
Peters, R. S., 4, 5, 6, 25, 34
Philosophy, doing it, 11, 12, 156–158, 161
Philosophy of education, 5, 6, 18, 158, 161
Philosophy of Education Society of Great Britain Piaget, 96
Plato, 51, 52, 122, 170
Plowden Report, 3, 46, 95,
Popper, Karl, 138–141, 161
Practical learning, 7, 15
Being practical, 16, 43, 119, 120
Practical as a way of knowing, 4, 17
Pragmatism, 2, 6, 13, 19, 37, 114, 130, 137–141, 149–153, 161, 162
Pragmatic theory of meaning, 1, 11, 70, 150
Pring, R., 7, 173
Problem / problem solving, 60–68
Progressive, 2–5, 7, 18, 31, 34–37
Project method, 2, 3, 37, 69, 106–110

Quine, 144

Rationalism, 13, 51, 53, 74, 141
Religion, 62, 65, 70–73
Research Assessment Exercise, 17
Reynolds, D., 58
Rorty, R., 162
Rousseau, 77
Russell, B., 1, 2, 5, 144, 146, 161
Ryan, A., 2, 54, 106, 162, 163, 173
Ryle, G., 4, 63

Sacks, J., 172
Scheffler, 3, 4, 25, 66
School, 30, 33, 47, 84, 86, 115–127, 163–165, 169–174
Schwab, 25
Science and Scientific method, 60, 67, 151
Self-realisation 6
Simon, Brian, 3, 46
Smith, B. O., Stanley, and Shores Smith Report, 167
Social world/environment/group, 13, 26, 29–31, 114–124, 132, 152
Spinoza, 51
Steiner schools Stenhouse, L., 88, 104, 107
Subjects / subject matter, 7, 16, 33, 36, 93–94, 99, 102, 103, 167, 168

Tawney, 119, 120
Teacher / Teaching, 30, 32, 43, 44, 48, 58, 82, 83, 100, 102, 103, 124–127, 155, 156, 164, 174, 175
Theory

Theoretical understanding
Theory/practice
Thinking, 67–70
Traditional (learning, education) 15, 17, 18, 27, 31–34, 75, 85, 92
Training, 37–39
Truth, 1, 2, 5, 7, 70, 139, 144–147, 149, 155, 163
TVEI, 7

University College London, 1
University Elementary /
Laboratory School, 12, 14–16, 103
United States, 1, 2, 3, 4, 5, 6, 7, 25, 35, 161, 162, 166, 168
Vermont, University of, 13, 14
Vocational Studies/Training, 7, 35–40, 166, 175–177
Warranted assertion, 66, 67, 74, 141, 154
Watson, J. B., 54, 141
Westbrook, R., 1, 13, 141, 161
Whitehead, A. N.
William Tyndale School, 36, 78, 148
Wilson, P., S., 77, 81